clic

Gurvan Kristanadjaja Joseph Falzon

QUI M'AIME ME SUIVE

BIENVENUE DANS LE MONDE DES INFLUENCEURS

TOPO DARGAUD

UN JOUR, JE ME SUIS FAIT AVOIR. C'ÉTAIT EN 2019, AU MOMENT OÙ INSTAGRAM PRENAIT UNE PLACE DE PLUS EN PLUS IMPORTANTE DANS NOS VIES.

QUAND JE M'ENNUYAIS, JE REGARDAIS DES STORIES POUR TUER LE TEMPS.

JE VOYAIS CONSTAMMENT LA MÊME PUB POUR UN SAC À MAIN VÉGAN.

IL ÉTAIT PRÉSENTÉ PAR UNE MARQUE ASSEZ CONNUE SUR LES RÉSEAUX SOCIAUX, QUI MONTRAIT RÉGULIÈREMENT DE JOLIS OBJETS.

À FORCE DE LE VOIR, J'AI FINI PAR L'ACHETER À MA COPINE.

J'IGNORE POURQUOI, JE SAIS SEULEMENT QUE JE N'AVAIS PAS D'IDÉE DE CADEAU ET QUE ÇA M'EST VENU COMME ÇA, SANS RÉFLÉCHIR.

QUAND ELLE M'A RAPPELÉ ÇA, JE SUIS TOMBÉ DE HAUT...
Nan, mais t'inquiète, j'irai l'échanger...
J'ai l'habitude...
CE SAC, JE PENSE QUE JE NE L'AURAIS JAMAIS ACHETÉ SANS INSTAGRAM.
C'est pas comme si ça faisait un an qu'on était ensemble...
C'EST COMME SI QUELQU'UN M'AVAIT SOUFFLÉ PLUSIEURS FOIS PAR JOUR AU CREUX DE L'OREILLE DIRECTEMENT À MON CERVEAU :
Achète ce sac...
Achète ce sac...
Achète ce sac...
ACHÈTE CE SAC !!!
ACHÈTE CE SAC !!!
TU VAS L'ACHETER, CE SAC, BORDEL ?
BREF, J'AI RÉALISÉ QUE J'AVAIS ÉTÉ INFLUENCÉ.
AAAAAARRRHHHHHH
Ben, oui, Captain Obvious...
Bon, on mange ?

ON POURRAIT TROUVER TRACE DU PREMIER AFFICHAGE PUBLICITAIRE À THÈBES, EN ÉGYPTE ANTIQUE, 1000 ANS AVANT JÉSUS-CHRIST*.

EN FRANCE, LES ANNÉES 1960 MARQUENT UN PREMIER TOURNANT AVEC L'ARRIVÉE DE LA TÉLÉVISION DANS NOS SALONS.

* VOIR PAGE 115.

DANS L'HEXAGONE, LA PUBLICITÉ A TOUJOURS ÉTÉ CONSIDÉRÉE COMME ABRUTISSANTE, VOIRE IMMORALE.

POURTANT, SOUS L'IMPULSION DE CES NOUVEAUX MODES DE DIFFUSION, ELLE GAGNE DU TERRAIN.

LES MARQUES ET LES DIFFUSEURS VONT DÉSORMAIS CIBLER LEUR PUBLIC.

AVANT UN DESSIN ANIMÉ POUR ENFANTS, ILS VONT VANTER LES MÉRITES D'UN NOUVEAU JOUET.

AVANT LE JT, À L'HEURE DU DÎNER, CEUX D'UN NOUVEAU ROBOT MIXEUR.

À LA BASCULE DES ANNÉES 2000, LA PUBLICITÉ CONNAÎT UNE AUTRE RÉVOLUTION. SECRÈTEMENT, DANS LEURS OPEN SPACES, LES CADRES SE PRENNENT À RÊVER.

DEPUIS L'AVÈNEMENT DES RÉSEAUX SOCIAUX, QUI MARQUE L'ENTRÉE DANS UNE NOUVELLE ÈRE DE COMMUNICATION, CE SONT LES ALGORITHMES QUI FONT LA LOI.

CE SONT DES PETITS PROGRAMMES INFORMATIQUES QUI INDIQUENT À L'ORDINATEUR COMMENT EFFECTUER UNE TÂCHE.

LES ALGORITHMES VONT SUGGÉRER, EN FONCTION DE NOS GOÛTS, CE QUE L'ON DOIT VOIR OU NON.
BRENDAN
18 ANS
FAN DE KYLIAN MBAPPÉ
AIME LES POKÉMON
MBAPPÉ
MONIQUE
INCONDITIONNELLE DE PATRICK SÉBASTIEN
COLLECTIONNEUSE DE COQUETIERS
75 ANS
LES CADRES DE LA PUB SE SONT SERVIS DE CES NOUVEAUX USAGES POUR FAIRE DE LA PUBLICITÉ CIBLÉE.
ILS VONT SUGGÉRER À BRENDAN ET MONIQUE D'ACHETER DES PRODUITS PROCHES DE LEURS GOÛTS.
ALMANACH
Et hop, une pub pour un sac Pikachu pour Brendan !
Et l'almanach du « Plus Grand Cabaret du monde » pour Monique !

C'est l'émergence des « influenceurs » dans les années 2010 qui a bouleversé le monde tel qu'on le connaît aujourd'hui.
Sur Instagram, YouTube ou TikTok, des personnalités ont acquis une popularité telle qu'elles sont à même de faire bouger les foules.
ÇA PEUT ÊTRE LE VOYAGE...
slurp
clic
... LE YOGA...
clic
... LA MODE...
clic
... LA NOURRITURE...
clic
... LA DANSE...
clic
... LE CROQUET...
clic
... LA MÉDITATION...
clic

SUR LEURS COMPTES, CES PERSONNALITÉS DÉVOILENT LEUR QUOTIDIEN, CE QUI FAIT QU'ON SE SENT PROCHE D'ELLES ET QU'ON A ENVIE DE LES SUIVRE.

QUAND ON REGARDE LEURS PUBLICATIONS, NOTRE CERVEAU SÉCRÈTE DE LA DOPAMINE, CETTE HORMONE DU PLAISIR QUI NOUS REND ACCROS À CES CONTENUS BEAUX ET BIEN CALIBRÉS.

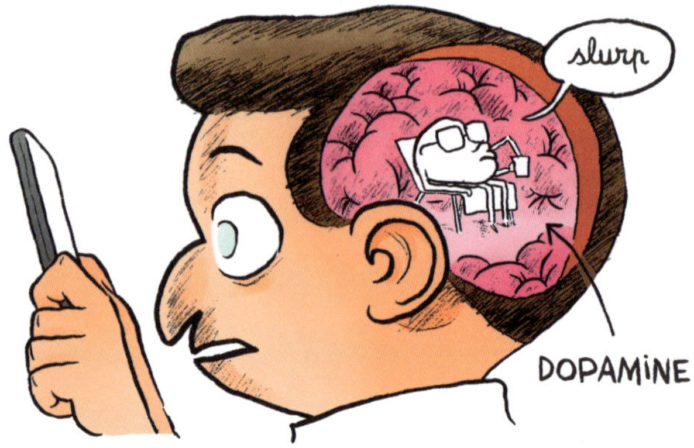

C'EST UN MOMENT OÙ L'ON EST PARTICULIÈREMENT VULNÉRABLES, ET PLUS ON VA REGARDER CES STORIES, PLUS ON VA AVOIR ENVIE DE VIVRE LA MÊME VIE QU'EUX. CES PERSONNES DEVIENNENT DONC PRESCRIPTRICES : VIS-À-VIS DE LEUR PUBLIC, ELLES FONT OU DÉFONT LE BIEN, LE COOL, LE BRANCHÉ, LE RINGARD OU LE NAZE...

LES PUBLICITAIRES L'ONT BIEN COMPRIS EN PROPOSANT AUX INFLUENCEURS DES PARTENARIATS : DE LA PUB QUI N'EN A PAS L'AIR, ENCORE PLUS FACILE DE LA FAIRE GOBER.

PAR EXEMPLE, À UNE INFLUENCEUSE VOYAGE :
Salut, la commu'! Je suis dans un super hôtel à Bora Bora!
Je n'ai pas du tout été invitée par une marque pour que je vous en parle.
Pssst! Oublie pas de parler de nos crêpes...
Ou bien « je t'offre ce sac à main orange saumon pas très beau et tu en parles à tes followers qui n'ont pas d'idée de cadeau pour Noël et vont l'acheter bêtement alors que leur copine n'aime pas l'orange ».
LE PIRE, C'EST QUE ÇA FONCTIONNE. À PARIS, PAR EXEMPLE, CERTAINS CAFÉS ONT VU LEUR FRÉQUENTATION EXPLOSER QUAND UNE INFLUENCEUSE « FOOD » A FAIT UNE PUBLICATION POUR VANTER LEUR CUISINE.
Salut à tous!
Je vous recommande ce resto! La gastronomie y est délicate et les mets succulents!
AUJOURD'HUI, ON DOIT FAIRE LA QUEUE POUR POUVOIR Y DÉJEUNER.
AU BON RESTO
Eh beh, 'me suis bien pété le bide, moi...

À TEL POINT QUE L'INFLUENCE DÉPASSE DÉSORMAIS LE SIMPLE DOMAINE DE LA PUBLICITÉ COMMERCIALE. LES POLITIQUES S'Y SONT INTÉRESSÉS POUR SE FAIRE ÉLIRE.

LES PAYS AUSSI POUR VANTER LES MÉRITES DE LEURS MODÈLES OU CRITIQUER IMPLICITEMENT D'AUTRES.

LES ONG POUR FAIRE PARLER DE LEURS ACTIONS.

LES SPORTIFS POUR ASSEOIR LEUR LÉGITIMITÉ.

LES COMPLOTISTES POUR RÉPANDRE LEURS RUMEURS. BREF, L'INFLUENCE TRAVERSE AUJOURD'HUI TOUTES LES COUCHES DE NOTRE MONDE…

… À TEL POINT QU'ON EST EN DROIT DE SE POSER UNE QUESTION :

POUR EN AVOIR LE CŒUR NET,
J'AI CRÉÉ UN COMPTE INSTAGRAM
À MON CHIEN.

* Influenceuse américaine et demi-sœur de Kim Kardashian.

J'AVAIS DÉJÀ DÉCELÉ CHEZ LUI UNE FORME D'ATTIRANCE POUR LES LIKES.

J'AI CRÉÉ UN COMPTE QUE J'AI NOMMÉ :

ET J'AI POSTÉ SA PREMIÈRE PHOTO.

C'ÉTAIT BIEN VU, LES CHIOTS ATTENDRISSENT BIEN PLUS QUE LES CHIENS ADULTES SUR INSTAGRAM.

LA LÉGENDE ÉTAIT UN PEU FORMELLE, MAIS IL FALLAIT BIEN SE LANCER.

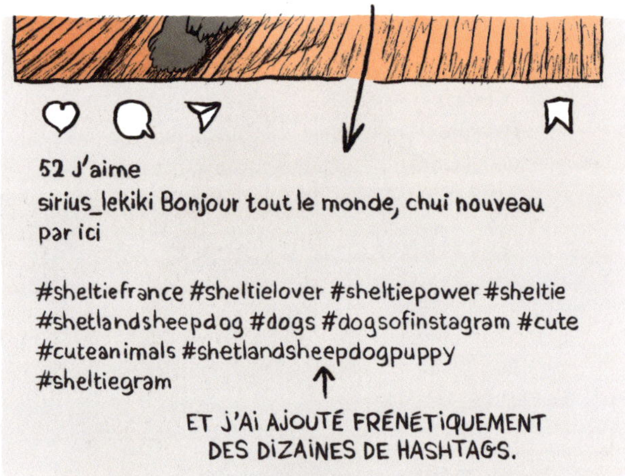

QUAND ON CLIQUE SUR CES MOTS-DIÈSE, ON TROUVE DES MILLIARDS DE PHOTOS ET DE VIDÉOS. SUR #DOGS :

* Bienvenue parmi nous, Sirius !

QUAND ON S'INTÉRESSE AU PHÉNOMÈNE DES INFLUENCEURS, TOUT NATURELLEMENT, ON SE DEMANDE QUI ÉTAIT LE PREMIER DES PREMIERS, LE PÈRE DE TOUS CES PETITS MONSTRES. IL AURAIT SANS DOUTE BEAUCOUP À NOUS APPRENDRE.

LE MESSAGE DE JÉSUS ÉTAIT CLAIR :
Aimez-vous les uns les autres, marchez pieds nus et buvez ce vin, c'est mon sang.
Ou quelque chose du genre, je ne suis pas un de ses grands followers, je le confesse...
C'ÉTAIT UN GARS SIMPLE QUI RESSEMBLAIT À N'IMPORTE QUI.
J'AI FAIT LE TOTAL DE SES FOLLOWERS : SI L'ON PREND EN COMPTE TOUS LES PAYS ET LES SIÈCLES QU'IL A TRAVERSÉS, ON DEVRAIT ÊTRE À PLUSIEURS MILLIARDS.
Jesus_officiel
5 Publicati...
999 md Followers
3 Suivi(e)s
Jésus✝
En mode messie la team !
AU POINT QU'IL LUI EST POSSIBLE DE FAIRE CHANGER DES OPINIONS ET DE FAIRE ÉVOLUER DES MODES DE VIE ENCORE DE NOS JOURS.
Salut à tous, aujourd'hui, je vais vous montrer comment changer l'eau en vin !
Trop bien ! Je like et partage !
IL DIFFUSAIT SA PAROLE ET SES FIDÈLES N'ONT EU DE CESSE DE VOULOIR CONVERTIR DES PERSONNES À SA CAUSE.
Tu ne suis pas Jésus sur Insta ? Tu devrais, il fait du super contenu !
?

TOUS CES ÉLÉMENTS FONT DE JÉSUS-CHRIST L'UN DES INFLUENCEURS EMBLÉMATIQUES DE NOTRE HISTOIRE ET LE PLUS SUIVI AUSSI.

JÉSUS-CHRIST PARTAGE D'AILLEURS ÇA AVEC D'AUTRES :

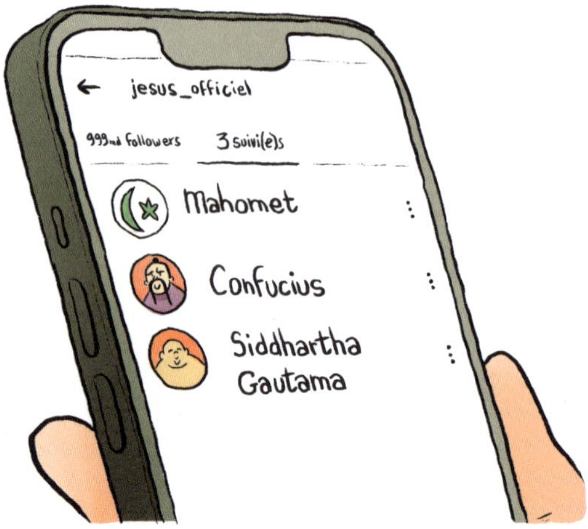

ILS ONT EU DE NOMBREUX ÉLÈVES, QU'ILS INSPIRAIENT ET DONT CERTAINS RÊVAIENT DE SUIVRE LEURS TRACES.

TOUT COMME LES PHILOSOPHES DES LUMIÈRES...

Dans notre histoire contemporaine, c'est la démocratisation de la publicité commerciale, au début du 20e siècle, qui a vraiment mis en lumière le rôle des figures d'influence.
Car dans une économie obsédée par la croissance, l'objectif n'a plus été simplement de nous convaincre ou de nous inspirer comme Jésus ou Platon auparavant...
Donne et tu recevras.
POUR MANGER
... il a été de nous faire acheter et consommer.
Donne et tu recevras.

MAIS LES MESSAGES PUBLICITAIRES SEULS N'AVAIENT QUE PEU D'IMPACT.

LES ENTREPRISES ONT EU BESOIN DE TROUVER DES PERSONNALITÉS CAPABLES D'INCARNER LEURS PRODUITS POUR SÉDUIRE LES FOULES.

À PARTIR DE 1940, DES CHERCHEURS VONT MENER DES ÉTUDES SUR LE RÔLE DE PERSONNES D'INFLUENCE AU SEIN DE LA SOCIÉTÉ ET LEUR IMPACT SUR NOS DÉCISIONS INDIVIDUELLES.
SELON LE SOCIOLOGUE PAUL LAZARSFELD, LE POIDS D'UNE CAMPAGNE ÉLECTORALE MENÉE DANS LES GRANDS MÉDIAS SUR LE VOTE DE LA POPULATION EST QUASI NUL*.

* VOIR PAGE 115.

CES MÉDIAS CONTRIBUENT EN REVANCHE À FAIRE ÉMERGER DES « LEADERS D'OPINION », QUI VONT AVOIR UNE VÉRITABLE INFLUENCE SUR LA DÉCISION FINALE.

ÇA PEUT ÊTRE UN ONCLE OU UNE COUSINE PLUS ÉRUDITE QUE LES AUTRES, OU UNE CÉLÉBRITÉ.

AUJOURD'HUI, LES INFLUENCEURS PARTAGENT AVEC NOUS LEUR INTIMITÉ. COMME ILS DONNENT L'IMPRESSION DE DÉVOILER LES MOINDRES DÉTAILS DE LEUR VIE, ON SE DIT QU'ILS NE NOUS CACHENT RIEN ET ON LEUR FAIT CONFIANCE.

CE QUI EXPLIQUE QUE, QUAND ILS NOUS VANTENT UN PRODUIT, NOUS AVONS TENDANCE À LES CROIRE DAVANTAGE QUE D'AUTRES.

ET SI L'ON NE COMPREND PAS POURQUOI CES PERSONNES ONT PLUS DE SUCCÈS QUE NOUS, C'EST JUSTEMENT PARCE QU'ELLES NOUS RESSEMBLENT OU POURRAIENT INCARNER CE À QUOI ON RÊVE DE RESSEMBLER.

AU DÉBUT DES ANNÉES 2000, CE PHÉNOMÈNE EST DEVENU PLUS VISIBLE AVEC L'ÉMERGENCE DU MICRO-BLOGGING. EN LIGNE, N'IMPORTE QUI POUVAIT, EN QUELQUES CLICS, SE CRÉER UNE PAGE OÙ ÉCRIRE SUR SES SUJETS DE PRÉDILECTION.

GRÂCE AU NUMÉRIQUE, ON PENSAIT QUE CHACUN POURRAIT DEVENIR JOURNALISTE, CRITIQUE GASTRO, CHRONIQUEUR...

CERTAINS, AU SEIN DE CES ESPACES, ONT FÉDÉRÉ DE VÉRITABLES PETITES COMMUNAUTÉS ET SONT DEVENUS PRESCRIPTEURS.

ON A PARFOIS DU MAL À DÉTERMINER QUEL EST L'INGRÉDIENT SECRET QUI FAIT LE SUCCÈS D'UNE PERSONNE PAR RAPPORT À UNE AUTRE.

IL PEUT Y AVOIR DES INFLUENCEURS D'À PEU PRÈS TOUT, MAIS TOUS N'ÉVOLUENT PAS DANS LA MÊME GALAXIE.

DISONS, POUR FAIRE SIMPLE, QU'IL Y A QUATRE NIVEAUX D'INFLUENCEURS.

LES PASTÈQUES

LES MELONS

LES RAISINS

LES MYRTILLES

LES FRONTIÈRES ENTRE LES DIFFÉRENTS MONDES SONT DE PLUS EN PLUS FLOUES. CERTAINS INFLUENCEURS SONT DES YOUTUBEURS TRÈS CÉLÈBRES.

SPORT, MUSIQUE, CINÉMA... BEAUCOUP DE CÉLÉBRITÉS JOUENT AUSSI AUX INFLUENCEURS CAR IL EST DIFFICILE, AUJOURD'HUI, D'EXISTER SANS LES RÉSEAUX SOCIAUX.

DES PERSONNALITÉS POLITIQUES COMME LE PRÉSIDENT EMMANUEL MACRON REPRENNENT LES CODES DES INFLUENCEURS.

LE CHEF DE L'ÉTAT A D'AILLEURS FAIT APPEL À DES CRÉATEURS DE CONTENUS COMME McFLY ET CARLITO POUR TRAVAILLER SON IMAGE.

Comment va-t-on faire de toi un mélange de Jésus, Platon, de la Vache qui rit et de Kylie Jenner ?
RRRZZZzz

Bonjour, nous sommes une jeune marque de croquettes, nous cherchons de nouveaux représentants pour nos produits. Seriez-vous intéressé ?

Ainsi soit-il, Sirius, la myrtille.
RZZZZZZZZ
RRZZzZZ
RRZZZz

clic

DANS L'INTIMITÉ DES INFLUENCEURS : DERRIÈRE LA VIE DE RÊVE, LA PRESSION DU LIKE

CELA FAIT PLUSIEURS SEMAINES QUE LE COMPTE DE SIRIUS A ÉTÉ CRÉÉ ET IL NE DÉCOLLE PAS.

PREMIER ENSEIGNEMENT : UN CONTENU MARCHE MIEUX AVEC DES HASHTAGS. EN UNE SOIRÉE, ON PEUT RECEVOIR UNE DIZAINE DE NOUVEAUX FOLLOWERS.

MAIS QUAND ON PUBLIE SANS MOT-DIÈSE, LE CLICHÉ SEMBLE TOMBER DANS LES LIMBES D'INTERNET.

POUR QUE SIRIUS PUISSE PERCER, JE DÉCIDE DONC D'EMPILER LES HASHTAGS.

DEUXIÈME LEÇON : POUR ÊTRE PLUS EXPOSÉ, UN CHIEN DOIT SE METTRE EN SCÈNE COMME LES INFLUENCEURS HUMAINS. TOUT EST BON POUR GRATTER DU LIKE.

POUR CHACUNE DES PHOTOS POSTÉES AVEC UN HASHTAG, NOUS RECEVONS EN PRIVÉ QUELQUES MESSAGES COMMERCIAUX.
PARMI LES PLUS INSISTANTS, IL Y A DES COMPTES TRÈS SUIVIS QUI RÉUNISSENT DES MILLIERS DE CLICHÉS D'ANIMAUX.
BONJOUR, NOUS PROPOSONS DES ACCESSOIRES CANINS. NOUS POURRIONS VOUS ENVOYER NOS PRODUITS À PRIX RÉDUITS EN ÉCHANGE D'UNE PUBLICATION EN STORY.
IL Y A AUSSI DES MESSAGES SURPRENANTS.
BONJOUR, SAVEZ-VOUS QU'IL EST POSSIBLE D'ACHETER DES FOLLOWERS SUR INSTAGRAM ? NOTRE SERVICE EST GARANTI INDÉTECTABLE PAR LA PLATEFORME !
SI JE FAIS LES COMPTES, C'EST PLUSIEURS CENTAINES D'EUROS QU'IL FAUDRAIT DÉPENSER POUR GAGNER UN PEU DE FOLLOWERS... ET CONTRAIREMENT À CE QU'ON NOUS RACONTE, IL N'Y A AUCUNE GARANTIE QUE ÇA FONCTIONNE.
SUR INTERNET, IL Y A DE NOMBREUX SITES QUI OFFRENT CES SERVICES.
ACHETEZ DES FOLLOWERS INSTAGRAM FRANÇAIS !!!
DEVENEZ INFLUENCEUR EN MOINS DE 24H !!
BOOST
MR INSTA
FAST ABONNÉS

Et ça coûte combien ?
6,90€ les 500 followers ! 11,90€ les 1000 ! 194€ les 50 000 !
Pas cher, frère !
Pour ne pas se faire attraper, tu peux décider de les obtenir tous en un jour, en trois jours, en une semaine ou en un mois.
Pas bête !
La qualité aussi peut être différente en fonction du budget.
Du simple « standard »...
... au premium !
robot
Vrai humain avec des pouces de compet'
Mais c'est pas dangereux d'acheter des followers ?
Y a aucun risque, frérot. Les méthodes de promotion utilisées sont en accord avec la politique d'Instagram.
Génial ! Ben, écoutez, je vais vous prendre 1000 followers de qualité standard, répartis sur 3 jours.
18,45 euros, mon pote !
Tu verras, tu le regretteras pas ! Allez, à plus !

TROIS JOURS PLUS TARD, LE NOMBRE DE NOS FOLLOWERS SUR INSTAGRAM EST PASSÉ DE 243 À... 244.
AUCUNE DES 1000 PERSONNES PROMISES NE S'EST POINTÉE !!!
Ben évidemment ! Ça puait l'arnaque, ton truc...
APRÈS QUELQUES RECHERCHES SUR INTERNET, IL EST ÉVIDENT QUE CERTAINS PROFITENT DE LA CUPIDITÉ DES INFLUENCEURS EN DEVENIR.
FAUX SITE, FAUX NUMÉROS DE TVA, INJOIGNABLE, PARFAITE ARNAQUE !
L'ARNAQUE DU SIÈCLE ! MONTONS UN COLLECTIF POUR LES ASSIGNER EN JUSTICE !
BIENVENUE DANS CET ESPACE RÉSERVÉ AUX ARNAQUÉS DE FASTABONNÉS
Bon, je retente ma chance avec un site qui a l'air plus fiable. Zou ! 1000 followers pour 38 euros !
C'est ton fric, si t'as décidé de le jeter par les fenêtres, c'est ton choix. Allez, à ce soir.
EN GUISE DE CADEAU, NOUS AVONS REÇU 10 LIKES GRATUITS SUR UNE PHOTO DE NOTRE CHOIX.
+10
38 j'aime
sirius_lekiki Mon conseil du dimanche soir : trouvez quelqu'un qui vous regarde comme je regarde un jouet qui fait couic-couic

APRÈS 24 HEURES D'ATTENTE, LE COMPTEUR S'EST MIS À GRIMPER D'UN SEUL COUP.

LES COMPTES DE CES NOUVEAUX ABONNÉS ONT ÉTÉ CRÉÉS TRÈS RÉCEMMENT, CE QUI NE LAISSE QUE PEU DE DOUTES QUANT À LEUR ORIGINE.

DANS CERTAINS PAYS, NOTAMMENT EN CHINE, DE VÉRITABLES FERMES À CLICS SE SONT DÉVELOPPÉES POUR FAIRE PROSPÉRER CE BUSINESS.

LÀ-BAS, DANS DES USINES, DES MILLIERS DE TÉLÉPHONES AFFICHENT PLUSIEURS FAUX COMPTES.

CE BUSINESS EST SI FLORISSANT QU'IL EST AUJOURD'HUI DIFFICILE DE SAVOIR RÉELLEMENT QUELLE EST LA PART DE VRAI ET DE FAKE DANS L'EMPIRE QUE CONSTRUISENT LES INFLUENCEURS ET LES MARQUES.

CERTAINS D'ENTRE EUX POURRAIENT COMPTER 30, 40, VOIRE 50 % DE FAUX COMPTES PARMI LEURS FOLLOWERS*.

* VOIR PAGE 115.

DEPUIS QUE SIRIUS A PLUS DE FOLLOWERS, CHACUNE DE SES PUBLICATIONS COMMENCE À M'AFFECTER MORALEMENT. LORSQUE JE POSTE UNE PHOTO OU UNE VIDÉO, JE NE PEUX PAS M'EMPÊCHER D'OUVRIR L'APPLICATION FRÉNÉTIQUEMENT POUR SUIVRE LE NOMBRE DE LIKES.

CERTAINS YOUTUBEURS LE DISENT :

ET FORCE EST DE CONSTATER QU'ÊTRE SUIVI PAR PLUS DE 1000 PERSONNES NE SUFFIT PAS À FAIRE DE SIRIUS UNE PERSONNALITÉ PUBLIQUE.

IL FAUT S'Y FAIRE : LES ROBOTS NE PEUVENT PAS ENCORE INTERAGIR COMME DE VRAIS HUMAINS.

CETTE INJONCTION DE PLAIRE POUR OBTENIR DES LIKES, C'EST ESSENA O'NEILL, UNE INFLUENCEUSE AUSTRALIENNE, QUI L'A DÉVOILÉE LA PREMIÈRE FOIS EN 2015. ALORS QU'ELLE EST AU TOP DE SA POPULARITÉ, ELLE ANNONCE PUBLIQUEMENT QU'ELLE QUITTE LA PLATEFORME.

LA JEUNE FEMME DE 19 ANS DÉNONCE ALORS LA PRESSION DE LA PERFORMANCE ET LES NOMBREUSES MISES EN SCÈNE QU'ELLE DOIT RÉALISER POUR SATISFAIRE LES MARQUES QUI LA PAYENT.

DEPUIS SA « DÉMISSION », D'AUTRES PERSONNALITÉS SE SONT EXPRIMÉES POUR DÉNONCER CE MONDE FACTICE.

LES INFLUENCEURS SONT NOMBREUX À RÉVÉLER ÊTRE ATTEINTS DE DÉPRESSION OU D'ANXIÉTÉ LIÉES À LEUR ACTIVITÉ.
EN FRANCE, PAR EXEMPLE, LA TRÈS POPULAIRE LÉNA SITUATIONS A ANNONCÉ EN 2022 FAIRE UNE PAUSE DE TWITTER CAR LES COMMENTAIRES ÉTAIENT TROP NOCIFS POUR ELLE.
LÉNA ET SON MEC, C'EST LE PIRE COUPLE EVER !
T'AS PAS GROSSI, LÉNA ?
D'OÙ LES MEUFS, ELLES FONT CARRIÈRE SUR YOUTUBE ?
T'AS CHANGÉ DEPUIS QUE T'ES RICHE !!!
TU DEVRAIS TE LISSER LES CHEVEUX.
TA ROBE, ELLE EST ÉCLATÉE AU SOL !

AUX ÉTATS-UNIS, LA SUPERSTAR BELLA HADID S'ÉTAIT AUSSI CONFIÉE SUR SES BURN-OUT À RÉPÉTITION.
Je vis avec le « syndrome de l'imposteur ». Les gens m'ont donné l'impression que je ne méritais rien de ce que j'avais.
61,3 MILLIONS DE FOLLOWERS

EN SOMME, LES INFLUENCEURS SONT PRIS DANS UN ÉTAU.

IL Y A D'UN CÔTÉ LES FOLLOWERS QUI COMMENTENT, LIKENT ET PARTAGENT. POUR LES FIDÉLISER, IL FAUT SE METTRE EN SCÈNE EN PERMANENCE.

LA COMMUNAUTÉ PEUT ÊTRE UNE FOULE ÉLOGIEUSE...

... MAIS AUSSI BIEN SE TRANSFORMER EN UNE HORDE DE ZOMBIES MALVEILLANTS.

DE L'AUTRE CÔTÉ, IL Y A LES MARQUES QUI RÉMUNÈRENT. ELLES UTILISENT LA NOTORIÉTÉ POUR TOUCHER UN PUBLIC CIBLÉ : DES JEUNES, PEU RÉCEPTIFS À LA PUBLICITÉ.

ELLES IMPOSENT DES STANDARDS ET DES MISES EN SCÈNE.

LES ÉTUDES MENÉES CES DERNIÈRES ANNÉES À CE SUJET SONT SOUVENT ALARMANTES. LES RÉSEAUX SOCIAUX CONTRIBUENT À CRÉER DES NORMES TOUJOURS PLUS CONTRAIGNANTES, CE QUI AFFECTE LE MORAL ET LA SANTÉ DE CERTAINS JEUNES.

LES PHOTOS D'INFLUENCEURS MASCULINS SUR LES RÉSEAUX SOCIAUX DÉGRADERAIENT L'IMAGE DES JEUNES HOMMES*.

ET IL Y AURAIT UN LIEN ENTRE LA PRESSION RESSENTIE PAR LES FEMMES SUR LES RÉSEAUX SOCIAUX ET LA RECRUDESCENCE DE CERTAINS TROUBLES DE L'ALIMENTATION.

L'UTILISATION DES FILTRES FAVORISE UNE DIFFÉRENCE DE PERCEPTION ENTRE CERTAINS TRAITS DE SON APPARENCE ET LA RÉALITÉ : LA DYSMORPHOPHOBIE.

RÉGULIÈREMENT, LES CHIRURGIENS ESTHÉTIQUES VOIENT ARRIVER DANS LEURS CABINETS DES PERSONNES COMPLEXÉES.

* VOIR PAGE 115.

CERTAINS INFLUENCEURS FONT LA PUBLICITÉ DE CABINETS DOUTEUX...

AUX ÉTATS-UNIS, 55 % DES CHIRURGIENS ESTHÉTIQUES ACCUEILLENT DES PATIENTS QUI SOUHAITENT AMÉLIORER LEUR APPARENCE SUR LES SELFIES*.

ET CETTE TENDANCE RISQUE DE S'ACCENTUER : LE RÉSEAU SOCIAL TIKTOK A MIS À DISPOSITION, DEPUIS 2023, LE FILTRE « BOLD GLAMOUR » QUI PROPOSE UN VISAGE PARFAIT.

ON NE SE COMPARE PLUS AUX AUTRES, MAIS À UNE VERSION IDÉALISÉE DE SOI-MÊME.

BEAUCOUP DE JEUNES QUI GRANDISSENT DANS UN QUARTIER PAUVRE VEULENT DEVENIR FOOTBALLEURS OU INFLUENCEURS PARCE QU'IL Y A UNE QUÊTE DE RÉUSSITE ET D'AMOUR ET QUE ÇA LEUR PERMET DE RÉUSSIR RAPIDEMENT, EXPLIQUE LE PSYCHANALYSTE MICHAËL STORA, QUI A CRÉÉ L'ÉCOLE DES HÉROS, DANS LAQUELLE IL SOIGNE DES JEUNES SOUFFRANT D'ADDICTIONS, NOTAMMENT AUX RÉSEAUX SOCIAUX.

* VOIR PAGE 115.

POUR BEAUCOUP D'APPRENTIS INFLUENCEURS, LE VIRTUEL EST DEVENU LA SEULE ÉCHAPPATOIRE À LA RÉALITÉ DU MONDE. PLUS UN ÊTRE EST HEUREUX DANS LE RÉEL, MOINS IL AURA BESOIN D'ALLER S'ÉPANOUIR DANS LE MONDE VIRTUEL.

LA COURSE AUX LIKES PERMET À CERTAINES PERSONNES DE COMBLER UNE FAILLE NARCISSIQUE.

PUISQU'ELLES REÇOIVENT DE L'AMOUR EN LIGNE, ELLES SE CRÉENT UNE FORME D'INJONCTION À PUBLIER SOUVENT.

LE RÔLE DE L'INFLUENCEUR RENVOIE À LA PETITE ENFANCE, QUAND UN BÉBÉ NAÎT ET QUE TOUT LE MONDE LE TROUVE « TROP MIGNON » MAIS QU'ON NE S'INTÉRESSE PAS VRAIMENT À SON DISCOURS PARCE QU'ON L'ESTIME DÉNUÉ D'INTÉRÊT.

QUAND UNE FEMME POSTE UNE NOUVELLE PHOTO, ON LUI PARLE COMME À UN ENFANT AVEC UN CORPS SEXUALISÉ. C'EST SON IMAGE QU'ON VALORISE, PAS ELLE.

Mais oui, c'est un trop mignon, celui-là.
Qu'il est trop choupi, le bon chien-chien.

NOTRE MONDE FAÇONNÉ PAR L'INFLUENCE

GRÂCE AUX ROBOTS DE LA FERME À CLICS, NOUS SOMMES PARVENUS À ATTEINDRE LES 1400 FOLLOWERS, MAIS SIRIUS N'INFLUENCE PAS GRAND MONDE.

POUR POURSUIVRE L'EXPÉRIENCE, J'AI DÉCIDÉ DE NOUS INSCRIRE À UNE FORMATION EN LIGNE.

* Compte personnel de formation.

Mais ce qui cartonne plus que tout, ce sont les vidéos au format court, type TikTok ! Les algorithmes font tout pour les mettre en avant et nous, on y devient accro.
MONTAGE D'UNE FORÊT EN TRAIN DE BRÛLER POUR ALERTER SUR LE RÉCHAUFFEMENT CLIMATIQUE
Je suis indigné ! Je partage !
PRANK TROP LOL
ZIP
Des barres ! Je like !
TUTO BRICOLAGE POUR DÉCAPSULER UNE BIÈRE SANS DÉCAPSULEUR
CLAC
Trop utile, je lâche un com' !
AURA OUBLIÉ DANS UNE MINUTE.
Une courte vidéo virale succède à une autre et ainsi de suite pendant des heures...
Truc de dingue !
Whoa, les boules !
Vas-y, il est trop mignon, ce chat !
Quand on a fini de scroller, on a l'impression de sortir d'une faille temporelle.
Bon, ben, je suis crevé, moi ! Allez, dodo !
WAAAAAAAAAAAAAAAA

Pour que les algorithmes repèrent vos vidéos, il y a deux paramètres importants :
– POSTER AVEC DES HASHTAGS
– ENCOURAGER LES GENS À LIKER
ENSUITE, C'EST L'EFFET BOULE DE NEIGE : PLUS LES VIDÉOS SONT VUES, PARTAGÉES, LIKÉES ET COMMENTÉES, PLUS ELLES DEVIENNENT VIRALES.
#CUTEDOG #PUPPY
#DOG
#SHELTIE
BRLOM
BRRLOM
SI VOUS PARVENEZ À CRÉER UNE IMAGE DE MARQUE SUFFISAMMENT FORTE, LES GENS LIKENT ET COMMENTENT SANS RÉFLÉCHIR QUAND ILS VOIENT VOS POSTS.
#KAWAÏ
#MIGNON
#CUTIE
BRLOOOOM
Oh, une vidéo de Sirius_LeKiki ! Je like direct !
OK ! Merci pour le tuyau, je fais le test tout de suite !
Quand je demande à mon chien de sourire pour la photo
NUL, MAL FAIT, MAIS BON TEST !
Mais attends, y a un hic ! Je peux pas demander à ma commu' de liker ou de partager. Je ne suis suivi que par des robots...
Une seule solution !
Bon chien, ça !!!
Oui, bonjour, ce serait pour vous acheter 1000 likes à 25 euros, histoire d'être mis en avant par l'algorithme.
clic clic clic clic clic clic clic clic clic clic clic clic clic
ne à clics. Merci de
pas faire de bruit
ne pas perturber
lics

DEUX JOURS PLUS TARD, NOUS RECEVONS BIEN LES 1000 LIKES SUR LA VIDÉO. MAIS, ELLE NE CARTONNE PAS POUR AUTANT.

EN REVANCHE, CETTE PLUIE DE POUCES BLEUS ATTIRE LES DEMANDES DE PARTENARIAT.

JE COMMANDE TROIS JOUETS POUR SIRIUS ET PUBLIE UNE STORY AVEC SON CODE DE RÉDUCTION.

CE QUI EST ASSEZ FASCINANT, C'EST D'OBSERVER LE MONDE PARALLÈLE DANS LEQUEL NOUS SOMMES TOMBÉS À MESURE QUE NOTRE PRATIQUE SE PROFESSIONNALISE.

SUR TIKTOK ET SUR INSTAGRAM, DES PAPAS ET MAMANS CHIENS SEMBLENT PRÊTS À TOUT POUR FAIRE DE LEUR TOUTOU UNE STAR DES RÉSEAUX.

CERTAINS SE COMPORTENT UN PEU COMME S'ILS ÉTAIENT LES AGENTS DE LEURS ANIMAUX.
SI VOUS VOULEZ UNE PHOTO AVEC BAILEY OU POUR TOUT PARTENARIAT, ÉCRIVEZ À CETTE ADRESSE BAILEYPRO@WOUFWOUF.COM
Je veux simplement que tout le monde puisse voir à quel point mon chien est beau.
LA MAÎTRESSE DE BAILEY
Cela nous permet de passer du temps ensemble à faire des shootings photo ou des petites vidéos.
OUISTITIIIIIIIIIII
Mouais... Si tu veux mon avis, c'est surtout qu'à défaut de pouvoir être eux-mêmes des influenceurs, certains se servent de leurs animaux pour le devenir.
Oui, ben comme toi, quoi.
MAIS PAS DU TOUT !!!
Toi aussi, tu cherches la popularité. Si tu fais pas gaffe, tu finiras à Dubaï.

DEPUIS QUELQUES ANNÉES, DUBAÏ EST DEVENUE L'EXEMPLE TYPE D'UN ÉCOSYSTÈME CRÉÉ DE TOUTES PIÈCES POUR FAVORISER ET ENCOURAGER LES PRATIQUES DE L'INFLUENCE.
CAROLINE RECEVEUR, 5,5 MILLIONS DE FOLLOWERS
LA VILLE DES ÉMIRATS ARABES UNIS EST DEVENUE UN ELDORADO DES CRÉATEURS DE CONTENUS.
HUGO PHILIP, 1,2 MILLION DE FOLLOWERS
BIEN SOUVENT, CE SONT DES ANCIENS DE LA TÉLÉRÉALITÉ QUI Y ONT ÉLU DOMICILE ET NARRENT AU QUOTIDIEN LEUR BELLE VIE SOUS LE SOLEIL.
NABILLA, 9,2 MILLIONS DE FOLLOWERS
ILS ONT L'AIR DE TOUS SE RESSEMBLER, DE MENER LA MÊME VIE, D'ÊTRE EN VACANCES TOUTE L'ANNÉE, MAIS ILS ASSURENT QU'ILS SONT DIFFÉRENTS LES UNS DES AUTRES.
JOËLLE MARDINIAN, 21,8 MILLIONS DE FOLLOWERS

DANS CERTAINS QUARTIERS HUPPÉS, IL N'EST PAS RARE DE CROISER DES INFLUENCEURS EN TRAIN DE FAIRE DES STORIES.

LES AUTORITÉS ONT D'AILLEURS TOUT MIS EN ŒUVRE POUR ENCOURAGER LEUR VENUE.

LES INFLUENCEURS Y VIVENT COMME À DISNEYLAND DANS UNE VERSION UN PEU BLING-BLING.

TOUT EST FAIT POUR LES SATISFAIRE : ILS Y TROUVENT LA SÉCURITÉ, L'ARGENT ET TOUT UN RÉSEAU D'AGENCES POUR FAIRE PROSPÉRER LEUR ACTIVITÉ.

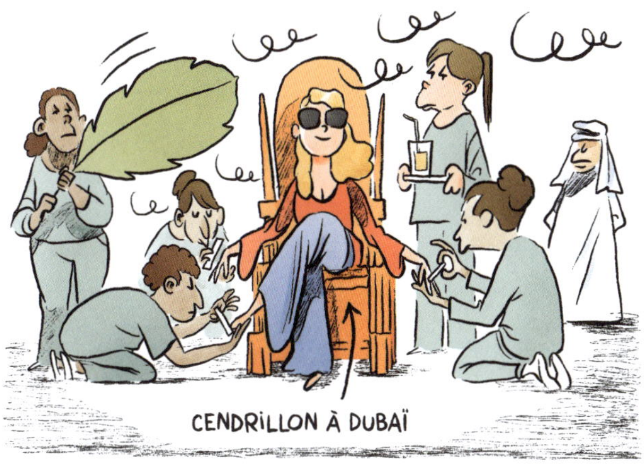

QUAND, A CONTRARIO, ILS PERÇOIVENT LA FRANCE COMME UN PAYS OÙ RÈGNE L'INSÉCURITÉ, OÙ L'ON PAYE BEAUCOUP D'IMPÔTS ET OÙ LES TRAINS SONT TOUJOURS EN RETARD.

LE SYSTÈME POLITIQUE REPOSE SUR L'IMPÉRIALISME DU PAYS. IL EST PETIT (10 MILLIONS D'HABITANTS ENVIRON), MAIS TRÈS PUISSANT GRÂCE À SON PÉTROLE.

LES EXPERTS QUALIFIENT LES ÉMIRATS ARABES UNIS DE « NOUVELLE SPARTE » EN RAISON DE SA POLITIQUE DE CONQUÊTE.

DESSALER LES SOURCES D'EAU COÛTANT TROP CHER, LES DIRIGEANTS CONSTRUISENT UNE INFLUENCE POLITIQUE ET ÉCONOMIQUE SUR LES PAYS QUI SE TROUVENT SUR LE PARCOURS DU NIL*.

LES ÉMIRATS ARABES UNIS EXPLOITENT ÉGALEMENT LES RESSOURCES DE PAYS D'AFRIQUE, BAFOUANT LES DROITS INTERNATIONAUX, AVEC, NOTAMMENT LE TRAVAIL DES ENFANTS DANS LES MINES.

AU SEIN DE SES FRONTIÈRES, LA POLITIQUE DE CE PAYS EST ULTRA-RÉPRESSIVE. EN 2021, AU MOINS NEUF CONDAMNATIONS À MORT ONT ÉTÉ PRONONCÉES ET UNE PEINE CAPITALE A ÉTÉ EXÉCUTÉE**.

À DUBAÏ, CONTRAIREMENT AUX INFLUENCEURS, LES TRAVAILLEURS VENUS DE PAYS PAUVRES SOUFFRENT SOUVENT DE CONDITIONS DÉLÉTÈRES.

EN TOUT, 10 000 TRAVAILLEURS MIGRANTS MEURENT CHAQUE ANNÉE DANS LES PAYS DU GOLFE. EN CAUSE : LES CONDITIONS D'EXTRÊME CHALEUR IMPOSÉES, NOTAMMENT DANS LE BÂTIMENT***.

* ** *** VOIR PAGE 115.

C'EST UN PAYS PLUS POLARISÉ ENCORE QUE NE LE SONT LES AUTRES : DANS LEURS IMMEUBLES FLAMBANT NEUFS, LES RICHES SONT CHOYÉS ET DES MILLIERS DE PRÉCAIRES ÉTRANGERS SONT EMPLOYÉS POUR QU'ILS NE MANQUENT DE RIEN.

LES FEMMES N'ONT PAS LES MÊMES DROITS QUE LES HOMMES. PAR EXEMPLE, POUR SE MARIER, ELLES DOIVENT AVOIR L'AUTORISATION SIGNÉE DE LEUR TUTEUR.

ET POUR DIVORCER, ELLES DOIVENT EN FAIRE LA DEMANDE AU TRIBUNAL QUAND LES HOMMES ONT LE DROIT DE LE FAIRE UNILATÉRALEMENT*.

EN JUIN 2021, LES AUTORITÉS ONT ARRÊTÉ 375 TRAVAILLEURS AFRICAINS POUR DES RAISONS INCONNUES. LES ASSOCIATIONS ONT DÉNONCÉ DES «RAIDS RACISTES»**.

CES PERSONNES ONT ÉTÉ DÉTENUES AU SECRET, JUSQU'À SIX SEMAINES POUR CERTAINES.

* ** VOIR PAGE 115.

PUIS ELLES ONT ÉTÉ EXPULSÉES SANS PROCÉDURE RÉGULIÈRE NI ASSISTANCE JURIDIQUE, APRÈS AVOIR ÉTÉ DÉPOUILLÉES DE LEURS BIENS, NOTAMMENT DE LEURS PAPIERS D'IDENTITÉ.
#bestlifeforever !!!
PENDANT CE TEMPS, LES INFLUENCEURS VANTENT LEUR QUOTIDIEN SUR DES PLAGES PARADISIAQUES, CHANTANT LES LOUANGES D'UN SYSTÈME DONT ON NE MONTRE QUE LE BEAU. NOUS, ON LIKE SANS TROP RÉFLÉCHIR. ON FINIT PAR PENSER QU'ILS ONT RAISON : DUBAÏ DOIT ÊTRE UN VRAI PARADIS.

PARTOUT AUTOUR DU GLOBE, D'AUTRES DESTINATIONS SONT DEVENUES DES ELDORADOS POUR LES INFLUENCEURS, À L'IMAGE DE BALI, EN INDONÉSIE.

SI DUBAÏ EST RÉPUTÉ CLINQUANT, L'ÎLE DES DIEUX, ELLE, A ATTIRÉ TOUTES SORTES D'ÉTRANGERS AVEC SON APPARENCE PLUS BOHÈME.

EN 2010, LA SORTIE DU FILM « MANGE, PRIE, AIME » - OÙ L'ON SUIT LE DESTIN D'UNE AMÉRICAINE QUI TOMBE AMOUREUSE, À BALI, D'UN BEAU BRUN - A ENTRETENU L'IMAGE D'UNE DESTINATION DE RÊVE.

À PARTIR DE 2015, LES INFLUENCEURS Y ONT CONVERGÉ POUR VIVRE COMME JULIA ROBERTS.

ILS Y MÈNENT UNE VIE PROSPÈRE ET LA RAISON EST ASSEZ SIMPLE : TOUT Y EST PHOTOGÉNIQUE.

LE NIVEAU DE VIE EST BAS SI ON LE COMPARE À CELUI DE L'OCCIDENT, CE QUI LEUR PERMET DE DÉPENSER PEU POUR VIVRE LEUR VIE DE RÊVE.

* Son prénom a été modifié à sa demande.

L'AFFLUX DE CES CRÉATEURS DE CONTENU A EU DES CONSÉQUENCES IMPORTANTES À BALI. AU-DESSUS DES RIZIÈRES EN TERRASSES MILLÉNAIRES, DES ENTREPRENEURS ONT INSTALLÉ UNE BALANÇOIRE.

TOUS LES JOURS, DES PERSONNES FONT LA QUEUE POUR S'Y PRENDRE EN PHOTO.

CERTAINES ÎLES COMME GILI AIR ET NUSA PENIDA, À LA NATURE ET AUX CORAUX PRÉSERVÉS JUSQU'ALORS, ONT ÉTÉ DÉCOUVERTES PAR DES INFLUENCEURS VOYAGE QUI ONT VANTÉ LES MÉRITES DE LEURS EAUX CRISTALLINES.

TOUT AUTOUR, DES HÔTELS ONT ÉTÉ CONSTRUITS À LA VA-VITE POUR SATISFAIRE CET AFFLUX SOUDAIN.

ET LES DÉCHETS LAISSÉS DERRIÈRE EUX PAR LES TOURISTES ONT DÉFIGURÉ LES LIEUX.

UN PEU PLUS AU NORD, À BALI, D'AUTRES TOURISTES SE PRESSENT POUR REPRODUIRE UNE PHOTO RENDUE CÉLÈBRE PAR UNE INFLUENCEUSE AMÉRICAINE.

EN RÉALITÉ, ON EST DANS UN DÉCOR FACTICE.

MAIS C'EST SURTOUT DANS LES TEMPLES QUE LES BALINAIS CRAIGNENT L'AFFLUX DES INFLUENCEURS.

CES DERNIÈRES ANNÉES, PLUSIEURS POLÉMIQUES ONT ÉCLATÉ SUR L'ÎLE. COMME À UBUD, EN 2019...

... OU À TABANAN, EN 2022.

À BALI, LE DÉBAT DEMEURE : FAUT-IL TOUT ACCEPTER DES INFLUENCEURS SOUS PRÉTEXTE QU'ILS FONT DE LA PUBLICITÉ POUR L'ÎLE ?

CERTAINS LOCAUX DEMANDENT L'INSTAURATION DE QUOTAS POUR CONTRÔLER LE FLUX DE VACANCIERS SUR L'ÎLE.

D'AUTRES ESTIMENT QUE LES INFLUENCEURS SONT NÉCESSAIRES À LA SURVIE DE L'ÉCOSYSTÈME, QUI REPOSE ESSENTIELLEMENT SUR LE TOURISME.

LA QUESTION DU POIDS DE L'INFLUENCE FINIT PAR SE POSER. LES DÉCORS DES LIEUX TOURISTIQUES S'UNIFORMISENT POUR ÊTRE PLUS PHOTOGÉNIQUES.

DANS LES HÔTELS, ON RETROUVE LA MÊME DÉCO.

DANS LES ASSIETTES, ON GOÛTE LES MÊMES PLATS.

CE QUI EST VRAI POUR LE VOYAGE L'EST AUSSI POUR LE CORPS. LE BEAU S'EST IMPOSÉ COMME UNE INJONCTION : LES SILHOUETTES FINES OU MUSCLÉES VONT ÊTRE PLUS POPULAIRES QUE LES AUTRES. ELLES DEVIENNENT INCONSCIEMMENT DES OBJECTIFS À ATTEINDRE.

LES CATÉGORIES (HASHTAGS) QUI APPARAISSENT LE PLUS SOUVENT SONT CELLES LIÉES À LA MUSCULATION, CELLES OÙ APPARAÎT LE CORPS DONT LES ATTRIBUTS DE SÉDUCTION SONT MAXIMISÉS ET CELLES ASSOCIÉES AU YOGA*.

EN ACCEPTANT CES NORMES, ON CHERCHERAIT EN RÉALITÉ À S'INTÉGRER.

* VOIR PAGE 115

EN CONTREPOINT, ON A CONSTATÉ L'ÉMERGENCE DU « SADFISHING », DES PERSONNES VONT EXPRIMER DES PULSIONS NÉGATIVES, DES ANGOISSES...*

MAIS MÊME CETTE PRATIQUE A ÉTÉ REPRISE PAR LES INFLUENCEURS POUR RAPPORTER DU LIKE.

* VOIR PAGE 115.

FLOU
MOCHE
#UGLYDOG
#NOPASARAN
3 LIKES

AU FAIT, COMBIEN ÇA RAPPORTE ?

LE DROPSHIPPING EST UNE PRATIQUE BIEN CONNUE SUR LES RÉSEAUX SOCIAUX.

DANS CE SYSTÈME RODÉ, IL EXISTE TOUJOURS UNE MARQUE QUE L'ON IMAGINE À LA MODE:

DIFFÉRENTS INTERLOCUTEURS NOUS CONTACTAIENT TOUR À TOUR, CE QUI LAISSAIT PENSER QUE LA MARQUE ÉTAIT SÉRIEUSE.
Bonjour, je suis responsable du marketing chez Dog_Fan.
Bonjour, je suis adjointe au partenariat chez Dog_Fan.
Bonjour, je suis responsable des partenariats chez Dog_Fan.
CETTE MARQUE VEND DES PRODUITS À DES PRIX ASSEZ ÉLEVÉS. DANS NOTRE CAS, DES JOUETS ET ACCESSOIRES POUR CHIEN.
Dog_Fan
35$
ÇA PEUT ÊTRE AUSSI DES SOINS POUR BARBE, DES CRÈMES PARFUMÉES POUR LA PEAU, DES DRONES, BREF TOUT CE QUI SE VEND.
POUR JUSTIFIER LEURS PRIX, ILS ASSURENT QUE...
C'EST RÉVOLUTIONNAIRE !
C'EST RÉVOLUTIONNAIRE !
C'EST RÉVOLUTIONNAIRE !
EN RÉALITÉ, LA MARQUE EST UN LEURRE. ELLE NE FAIT QUE METTRE EN AVANT SUR SON SITE DES PRODUITS CHINOIS PRÉSENTS SUR LES PLATEFORMES COMMERCIALES À BAS PRIX COMME WISH OU ALIBABA.
Dog_Fan
35$
Alibaba.com
J'AI PU RETROUVER L'OCTOPUS REÇU GRATUITEMENT DE LA PART DE DOG-FAN SUR ALIBABA.
Alibaba.com
2$

LORSQU'UN CLIENT COMMANDE SUR LE SITE L'OCTOPUS À 35 DOLLARS...

... LES ÉQUIPES DE DOG-FAN SE CONTENTENT DONC DE RÉALISER ELLES-MÊMES LA COMMANDE DU VRAI PRODUIT SUR ALIBABA OU WISH...

... ET DE RENSEIGNER LE NOM ET L'ADRESSE DE JEAN-KEVIN.

AU PASSAGE, LA MARQUE SE FAIT DONC UNE MARGE DE 33 DOLLARS.

CE MODE DE DISTRIBUTION EST ASSEZ RÉPANDU : IL PERMET DE SE FAIRE DE L'ARGENT RAPIDEMENT SANS AVOIR À GÉRER LE STOCK.

POUR ATTIRER LE PLUS DE CLIENTS POSSIBLE, LES MARQUES VONT RECRUTER DES INFLUENCEURS, COMME ELLES L'ONT FAIT AVEC SIRIUS.

SI BIEN QUE LA PRATIQUE DU DROPSHIPPING EST DÉSORMAIS LIÉE À CELLE DES INFLUENCEURS : SI L'UNE A TANT DE SUCCÈS, C'EST PARCE QUE LES AUTRES ACCEPTENT DE FAIRE LEUR PUB.

SOIT LES MARQUES LES PAIENT EN FONCTION DU POURCENTAGE DU NOMBRE DE VENTES.

SOIT ELLES ÉTABLISSENT UN CONTRAT, À PLUSIEURS CENTAINES, VOIRE MILLIERS D'EUROS PAYÉS EN UNE FOIS.

SOIT ELLES LEUR OFFRENT LES PRODUITS GRATUITEMENT.

PARFOIS, C'EST UN PEU DE TOUT ÇA EN MÊME TEMPS. ÇA DÉPEND DU SUCCÈS DE L'INFLUENCEUR.

SA CAPACITÉ À POUSSER DES PERSONNES À ACHETER DES PRODUITS SANS RÉFLÉCHIR EST UN ÉLÉMENT IMPORTANT DANS CE SYSTÈME.

QUAND UN INFLUENCEUR
FAIT UNE STORY POUR DIRE…

… LES FOLLOWERS VONT RAREMENT VÉRIFIER D'OÙ VIENT
LE PRODUIT ET S'IL EST MOINS CHER SUR UN AUTRE SITE.

CES SITES PROSPÈRENT AINSI ET LES CRÉATEURS
DE CONTENUS FERMENT BIEN SOUVENT LES YEUX
LÀ-DESSUS, CAR ÇA LES FAIT VIVRE.

EN 2022, LE RAPPEUR BOOBA A MENÉ UNE CAMPAGNE
PARTICULIÈREMENT AGRESSIVE CONTRE
LES INFLUENCEURS QUI BANALISENT CES PRATIQUES*.

AU SEIN DE CERTAINES AGENCES, CES CONTRATS
AURAIENT RAPPORTÉ JUSQU'À 60 % DES REVENUS
DES INFLUENCEURS LES PLUS IMPORTANTS.

* Depuis, le gouvernement a souhaité encadrer les pratiques des influenceurs. Une loi votée en 2023 vise à interdire les arnaques et les publicités de produits controversés, notamment celles sur la médecine esthétique.

IL FAUT DIRE QUE DERRIÈRE CE DÉCOR ÉDULCORÉ DES RÉSEAUX SOCIAUX, L'ARGENT EST LE NERF DE LA GUERRE. IL PERMET AUX INFLUENCEURS DE QUITTER LEURS JOBS ET DE VIVRE UNE VIE DE LUXE.

LEUR RÉMUNÉRATION RESTE UN SECRET BIEN GARDÉ.

MAIS PAYER UN INFLUENCEUR EST DEVENU POUR UNE MARQUE QUI SE LANCE L'UN DES LEVIERS PRINCIPAUX POUR SE FAIRE UN PETIT NOM.

C'EST LE CAS AUSSI POUR LES MARQUES DE LUXE. LES INFLUENCEURS TOUCHENT LES JEUNES, TRÈS PEU RÉCEPTIFS À LA PUBLICITÉ CLASSIQUE. SELON LA CAMPAGNE DE PUBLICITÉ, LES ÉGÉRIES PEUVENT REPRÉSENTER 30 À 50 % DES DÉPENSES POUR PROMOUVOIR LE PRODUIT.

POUR LES INFLUENCEURS À MOINS DE 10 000 FOLLOWERS, LA RÉMUNÉRATION POUR UNE PUBLICATION METTANT EN AVANT UNE MARQUE TOURNE GÉNÉRALEMENT AUTOUR DE 100 EUROS.

QUAND ILS TOTALISENT PLUS DE 80 000 FOLLOWERS, ILS GAGNENT 10 FOIS PLUS D'ARGENT : ENVIRON 1 000 EUROS PAR PUBLICATION.

QUAND ILS DÉPASSENT LE MILLION DE FOLLOWERS, LES CONTRATS EXPLOSENT : 3 000 EUROS EN MOYENNE POUR UN POST.

MAIS CELA PEUT MONTER JUSQU'À 10, 15, 20 000 EUROS, VOIRE PLUS, POUR UNE SEULE PHOTO PUBLIÉE SUR LES RÉSEAUX SOCIAUX.

DES SUPERSTARS COMME CRISTIANO RONALDO ET LIONEL MESSI TOUCHERAIENT MÊME PLUS DE 1 MILLION DE DOLLARS POUR CHAQUE PUBLICATION. LA RÉMUNÉRATION D'UN INFLUENCEUR DÉPEND AUSSI DE LA PLATEFORME SUR LAQUELLE IL EST LE PLUS CÉLÈBRE* : INSTAGRAM, TIKTOK, FACEBOOK, YOUTUBE...

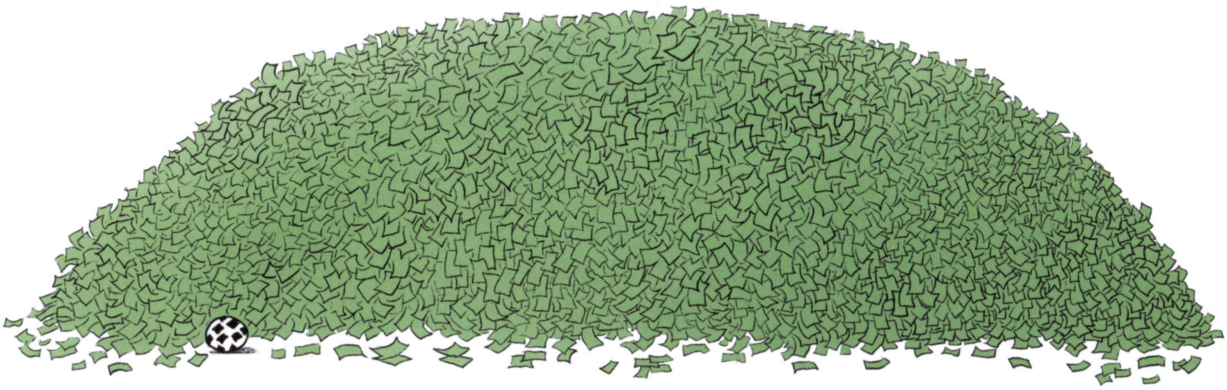

* VOIR PAGE 115.

POUR UN INFLUENCEUR, L'ÉQUILIBRE EST SOUVENT DÉLICAT À TROUVER.

D'UNE PART, LES RÉMUNÉRATIONS VIA LES MARQUES LUI PERMETTENT DE VIVRE ET DE DÉVELOPPER SES PROJETS.

IL S'ENRICHIT AINSI ET PROSPÈRE EN MONTRANT SA RÉUSSITE. CERTAINS INFLUENCEURS SONT DEVENUS MULTIMILLIONNAIRES GRÂCE À CES CONTRATS.

D'UN AUTRE CÔTÉ, C'EST UN RISQUE À PRENDRE : PLUS UNE PERSONNE VA S'ADOSSER À DES MARQUES, PLUS ELLE VA PERDRE DE L'AUDIENCE...

... CAR ELLE NE SE MONTRE PLUS COMME UN AMI INTIME QUI DÉVOILE SON QUOTIDIEN, MAIS COMME UN COMMERCIAL.

À L'EXCÈS, CERTAINES CÉLÉBRITÉS DES RÉSEAUX SOCIAUX FINISSENT COMME DES HOMMES-SANDWICHS VIVEMENT CRITIQUÉS PAR CETTE COMMUNAUTÉ QUI SE SENT FLOUÉE.

DEPUIS 2018, LES INFLUENCEURS DOIVENT MENTIONNER LEUR PARTENARIAT COMMERCIAL AINSI QUE LE NOM DE LA MARQUE. CERTAINS DÉCIDENT DE CACHER SCIEMMENT CES PARTENARIATS. POUR PRÉSERVER UNE IMAGE AUTHENTIQUE, PROCHE DE LEURS PUBLICS, OU POUR CACHER SIMPLEMENT QU'IL S'AGIT D'ARNAQUES, COMME DU DROPSHIPPING.
stef_lol
partenariat rémunéré avec les huiles de vidange «BIGOIL»
BIG OIL
Salut la commu, petite story pour vous, en toute authenticité !
BIG OIL
À LEURS RISQUES ET PÉRILS...
JUILLET 2021
Madame Nabilla, vous êtes condamnée à 20 000 euros d'amende pour avoir fait la promotion de services boursiers sans le mentionner.
DERRIÈRE CHAQUE PUBLICATION D'INFLUENCEURS, A PRIORI ANODINE, PEUT DONC SE CACHER UNE PUBLICITÉ DÉGUISÉE.
PETIT BATEAU
GUCCI
DIOR
DIOR
J'avais pas réalisé que c'était une arnaque... J'étais persuadé que ces partenariats étaient un totem d'entrée dans le monde des influenceurs...
Heureusement que personne de ma communauté n'a utilisé nos codes promo...
Ben, ouais, t'as que des robots...

LES INFLUENCEURS PEUVENT-ILS FAIRE ÉLIRE LE PROCHAIN PRÉSIDENT DE LA RÉPUBLIQUE ?

QUAND JE REGARDAIS LES AUTRES CHIENS INFLUENCEURS SUR LES RÉSEAUX SOCIAUX, ILS ÉTAIENT FILMÉS DANS DES SITUATIONS TOUJOURS PLUS IMPROBABLES, ET J'AVAIS FINI PAR N'Y VOIR PLUS QUE DE LA QUASI-MALTRAITANCE ANIMALE.
SAUVEZ-MOI !
HELP !
AU SECOURS !
PITIÉ !
QUAND ON EST LANCÉS DANS CETTE QUÊTE DU SUCCÈS, IL N'Y A PAS QUE LE BONHEUR D'UN MOMENT CONVIVIAL QUI NOUS GUIDE.
WAF
WAF
WAF
IL Y A TOUJOURS CETTE PENSÉE EN TÂCHE DE FOND.
Hey, mais c'est pas mal, ici !
LA SUITE EST UN ENGRENAGE.
Allez, hop ! Souris, Sirius !

LES RÉSEAUX SOCIAUX : UNE BELLE PHOTO DE SIRIUS AU BORD DE L'EAU.

LA RÉALITÉ : IL DÉTESTE L'EAU ET A VOULU CROQUER UNE MOUETTE.

LES RÉSEAUX SOCIAUX : UNE BELLE STORY DE SIRIUS EN BALADE DANS LES BOIS.

LA RÉALITÉ : IL A DÉVORÉ TOUT LE CROTTIN DE CHEVAL SUR SON PASSAGE ET A FINI PAR ÊTRE MALADE.

LES RÉSEAUX SOCIAUX : QUELLE VIE PARFAITE AVEC CE CHIEN.

LA RÉALITÉ : À FORCE DE LE PRENDRE EN PHOTO, ON OUBLIE DE PASSER DU BON TEMPS AVEC LUI.

IL EXISTE UNE VRAIE DIFFÉRENCE ENTRE LE FAIT DE TENIR UN COMPTE SUR LES RÉSEAUX SOCIAUX POUR SON PLAISIR, ET CELUI DE L'ANIMER POUR EN FAIRE UN MÉTIER.

DANS LE PREMIER CAS, ON PEUT LAISSER SON COMPTE EN JACHÈRE.

DANS LE SECOND, C'EST IMPOSSIBLE CAR LE RISQUE DE PERDRE CETTE NOTORIÉTÉ SI L'ON S'ARRÊTE EST IMPORTANT.

IL EST FRÉQUENT D'ENTENDRE LES INFLUENCEURS PARLER D'UNE CERTAINE NOSTALGIE DE L'ANONYMAT.

IL A DÉCIDÉ DE FAIRE UNE PAUSE ET A DÛ S'EN JUSTIFIER DANS UNE LONGUE VIDÉO.

McFLY ET CARLITO ONT AUSSI FAIT UN BREAK APRÈS L'ANNONCE D'UNE MALADIE GRAVE TOUCHANT LE FILS DE CARLITO.

LES RÉSEAUX SOCIAUX ÉTAIENT DEVENUS POUR EUX UNE MACHINE QUI BROIE.

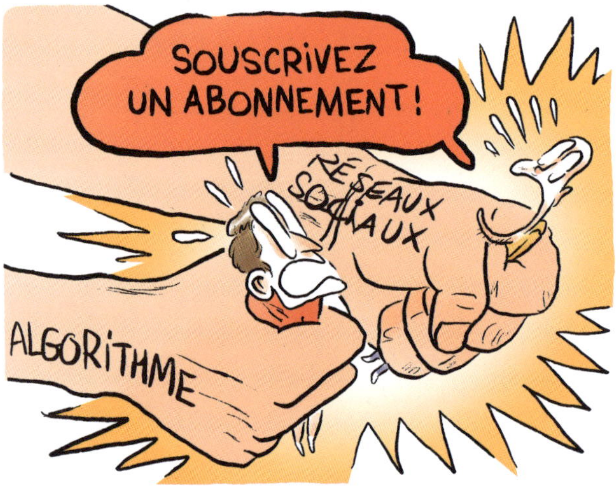

POUR ÉCHAPPER À CETTE TYRANNIE, CERTAINS INFLUENCEURS ONT ENTREPRIS DE « DÉSINFLUENCER » : ILS VONT PROFITER DE LEUR NOTORIÉTÉ POUR CRITIQUER DES MARQUES.

UNE TENTATIVE DE RENVERSER LE MODÈLE, MAIS LÀ ENCORE LE DOUTE SUBSISTE : LA DÉSINFLUENCE N'EST-ELLE PAS UN MOYEN AUSSI D'INFLUENCER ?

CES DERNIÈRES ANNÉES, ON CONSTATE UN TOURNANT : AUX CONTENUS COMMERCIAUX, D'AUTRES, PLUS MILITANTS, SONT VENUS S'AJOUTER.

AINSI, LES COMPTES FÉMINISTES, ANTI-SPÉCISTES, VÉGANS, ÉCOLOS OU CEUX TRAITANT DU BURN-OUT, DE GROSSOPHOBIE, D'INCESTE, DE VALIDISME… CONNAISSENT UN SUCCÈS CROISSANT.

LE MILITANTISME EN LIGNE REPREND LES CODES DU MARKETING ET DE LA COMMUNICATION ÉTABLIS PAR LES MARQUES AUPRÈS DES INFLUENCEURS POUR CONVAINCRE UNE AUDIENCE.

ET ÇA FONCTIONNE : LES FOLLOWERS LES PARTAGENT EN MASSE QUAND ILS Y ADHÈRENT...

... COMME ON GLISSERAIT UN TRACT DANS UNE BOÎTE AUX LETTRES.

C'EST UNE FAÇON DE S'AFFICHER AUSSI, DE DIRE QUE L'ON EST UN HUMAIN AVEC DES OPINIONS, DERRIÈRE LES BELLES IMAGES DE VACANCES À BALI.

CETTE TENDANCE PEUT ÊTRE INTERPRÉTÉE COMME UNE CONSÉQUENCE DU SENTIMENT DE MANQUE DE REPRÉSENTATIVITÉ DES CITOYENS. PLUS ILS SE SENTENT À DISTANCE DES POLITIQUES, PLUS ILS ONT ENVIE DE PORTER DES IDÉES PAR EUX-MÊMES.

LES RÉSEAUX SOCIAUX SONT UN BON MOYEN DE LES PARTAGER CAR LEUR VIRALITÉ PERMET DE TOUCHER UN GRAND NOMBRE DE PERSONNES.

CE MOUVEMENT RÉPOND À L'IDÉE QU'IL FAUT QUE LES CITOYENS S'EMPARENT DU DÉBAT.

CELA POSE UNE QUESTION CRUCIALE : PEUT-ON ÊTRE INFLUENCÉ PAR DES OPINIONS POLITIQUES SUR LES RÉSEAUX SOCIAUX COMME ON L'EST PAR LES MARQUES ?

CERTAINS RESPONSABLES POLITIQUES ONT BIEN COMPRIS L'ATTRAIT DES CONTENUS ENGAGÉS POUR LES UTILISATEURS DES RÉSEAUX SOCIAUX.

RÉGULIÈREMENT, IL PUBLIE DES MESSAGES FORTS EN SOUTIEN À DIFFÉRENTES CAUSES.

GLUCKSMANN REPREND D'AILLEURS LES CODES DES MÉDIAS POPULAIRES SUR LES RÉSEAUX SOCIAUX.

CHAQUE PUBLICATION CARTONNE.

CE SUCCÈS LUI A VALU L'APPELLATION « D'INSTAGRAMMEUR POLITIQUE LE PLUS INFLUENT DE FRANCE » PAR LA PRESSE FRANÇAISE.

BEAUCOUP DE JEUNES SE DÉPLACENT À SES PRISES DE PAROLE.

PEUT-ON Y VOIR UNE MANIÈRE D'INFLUENCER LE DÉBAT ?

UNE MANIÈRE DE RENVERSER LE RAPPORT DE FORCE ET DE DIRE :

FORT DE SA POPULARITÉ SUR LES RÉSEAUX SOCIAUX, GLUCKSMANN ÉTAIT PERÇU COMME UN DES POTENTIELS CANDIDATS DE LA GAUCHE POUR LES PRÉSIDENTIELLES EN 2022.

LE LIEN ENTRE UNE CLASSE POLITIQUE VIEILLISSANTE ET LA JEUNESSE FRANÇAISE SEMBLE S'ÉTIOLER DE PLUS EN PLUS.

POUR RENOUER AVEC ELLE, CERTAINS POLITIQUES ONT DÉCIDÉ, COMME RAPHAËL GLUCKSMANN, DE SE TRANSFORMER EN INFLUENCEURS POUR FAIRE PASSER LEURS MESSAGES.

* VOIR PAGE 115.

QUAND IL ÉTAIT MINISTRE, IL REPRENAIT LES CODES QUI FONT LE SUCCÈS SUR TIKTOK.

EN COMMENTAIRE DE SES VIDÉOS, LES JEUNES SE MONTRENT PLUTÔT RÉCEPTIFS.

LE MINISTRE COMPTE PLUS DE 1,2 MILLION D'ABONNÉS SUR TIKTOK ET CERTAINES DE SES VIDÉOS ONT MÊME TOTALISÉ PLUS DE 6 MILLIONS DE VUES...

... CE QUI A SUSCITÉ LES CRITIQUES DE SES OPPOSANTS POLITIQUES.

EMMANUEL MACRON, LUI-MÊME, REPREND RÉGULIÈREMENT LES CODES DES INFLUENCEURS POUR FAIRE PASSER SES MESSAGES.

IL PUBLIE DES VIDÉOS SELFIES SUR LES RÉSEAUX SOCIAUX...

... ET PARTAGE LA VEDETTE DANS UNE VIDÉO DES YOUTUBEURS McFLY ET CARLITO DANS UN « CONCOURS D'ANECDOTES ».

IL S'ENTOURE D'AILLEURS RÉGULIÈREMENT D'INFLUENCEURS POUR PROMOUVOIR SES ACTIONS.

IL REPREND AUSSI LE CONCEPT DE FAQ**. LES QUESTIONS ÉTANT SÉLECTIONNÉES À L'AVANCE, LE DISCOURS RESTE TRÈS CONTRÔLÉ.

* Service National Universel mis en place par le gouvernement, en 2019.

** Foire aux questions.

CES PRATIQUES INTERROGENT ET ON EST EN DROIT DE SE DEMANDER : EST-CE QU'UN INFLUENCEUR POURRAIT SE FAIRE ÉLIRE ?

OU ENCORE : EN S'ENTOURANT D'INFLUENCEURS, UNE PERSONNALITÉ POLITIQUE PEUT-ELLE SE FAIRE ÉLIRE ?

C'EST UN PEU CE QU'A TENTÉ DE FAIRE ÉRIC ZEMMOUR EN 2022.

LORS DE LA CAMPAGNE PRÉSIDENTIELLE, DE NOMBREUX COMPTES DE JEUNES SUR TIKTOK SE SONT MIS À RELAYER SON DISCOURS.

LÀ ENCORE, ON Y RETROUVAIT LES MÊMES CODES...

... MAIS AVEC DES PROPOS ANTI-MIGRANTS.

GRÂCE À CES COMPTES, ÉRIC ZEMMOUR ÉTAIT D'AILLEURS L'UNE DES PERSONNALITÉS POLITIQUES LES PLUS MENTIONNÉES SUR LES RÉSEAUX SOCIAUX*.

POUR AUTANT, CELA N'A PAS PERMIS DE LE FAIRE ÉLIRE.

LA PREUVE QU'IL NE SUFFIT PAS D'ÊTRE VIRAL SUR LES RÉSEAUX SOCIAUX POUR GAGNER UNE ÉLECTION.

CERTAINS POLITIQUES PEUVENT ÊTRE SUIVIS PAR DES MILLIERS DE FOLLOWERS, POUR AUTANT, LES FOLLOWERS ONT DÉJÀ UN AVIS TRANCHÉ ET SAVENT POUR QUI ILS VONT VOTER.

EN CLAIR, IL PARAÎT ILLUSOIRE DE PENSER QU'UNE PERSONNE POURRAIT, GRÂCE À UNE RECETTE MAGIQUE, MANIPULER DES MILLIONS DE PERSONNES ET DEVENIR PRÉSIDENTE.

* VOIR PAGE 115.

CETTE IDÉE QU'INTERNET PEUT FAIRE ÉLIRE UNE PERSONNE TROUVE SON ORIGINE EN 2008, AUX ÉTATS-UNIS. À CETTE ÉPOQUE, UN DÉMOCRATE, DU NOM DE BARACK OBAMA, COMMENCE À SUSCITER DES ESPOIRS, NOTAMMENT AUPRÈS DES JEUNES AMÉRICAINS.

LA «TOILE», COMME ON L'APPELAIT À L'ÉPOQUE, LUI PERMET DE S'ATTIRER DES SOUTIENS ET D'ENGRANGER PLUS DE 600 MILLIONS DE DOLLARS DE DONS.

IL EST LE PREMIER À PENSER UNE CAMPAGNE QUI S'APPUIE SUR LES RÉSEAUX SOCIAUX, TOUT JUSTE NAISSANTS, RELAYANT SON SLOGAN...

... ET PUBLIANT DES VIDÉOS SUR YOUTUBE.

C'ÉTAIT L'ÉPOQUE DES BLOGS SUR LESQUELS DES DIZAINES DE MILLIERS D'ANONYMES PARTAGEAIENT LEUR SOUTIEN POUR OBAMA.

CHAQUE INTERVENTION DU CANDIDAT DEVINT VIRALE, CONTRIBUANT À AUGMENTER SA NOTORIÉTÉ ET À LE FAIRE ÉLIRE.

INTERNET VALORISE LES SYMBOLES ET OBAMA EN ÉTAIT UN : CELUI D'UN PRÉSIDENT NOIR AMÉRICAIN. MAIS POUR REMPORTER UNE ÉLECTION, UN BUZZ NE SUFFIT PAS. IL FAUT UN PROGRAMME, DES RÉSEAUX, UNE ÉQUIPE, DES RELAIS, UN PARTI...

« SI 2008 MARQUE UN TOURNANT POUR LES ÉLECTIONS PRÉSIDENTIELLES, C'EST PARCE QU'INTERNET EST DEVENU UN MÉDIA COMME UN AUTRE » COMMENTE LE SOCIOLOGUE FRANCIS BALLES*.

« ON NE MANQUERA SÛREMENT PAS DE PRÉTENDRE PAR LA SUITE QUE LES PROCHAINES ÉLECTIONS NATIONALES SE GAGNERONT GRÂCE À INTERNET. »

« C'EST L'INVERSE QUI SE PRODUIRA : À L'INSTANT MÊME OÙ L'ON CROIT QU'UN MÉDIA PEUT FAIRE CROIRE CE QUE VEUT CELUI QUI L'UTILISE LE PLUS HABILEMENT... »

« ... C'EST À CET INSTANT PRÉCIS QU'IL SE HEURTE À UN ANTIDOTE, COMME SI L'ON S'IMMUNISAIT À L'ENCONTRE DE CE QUE L'ON PREND POUR UN POISON. »

POURTANT, EN FRANCE, TOUS LES CANDIDATS À LA PRÉSIDENTIELLE DE 2022 ONT MOBILISÉ DES MOYENS ÉNORMES POUR ÊTRE PRÉSENTS SUR LES RÉSEAUX SOCIAUX CAR ILS PENSENT QU'EXISTER SUR INTERNET EST UN MOYEN DE TOUCHER LES MOINS DE 30 ANS QUI RECHIGNENT À ALLER VOTER.

* VOIR PAGE 115.

LES ANNÉES 2022 ET 2023 MARQUENT UN TOURNANT DANS LA MANIÈRE DONT LES INFLUENCEURS ONT SOUHAITÉ JOUER UN RÔLE DANS LA POLITIQUE, EN PRENANT POSITION CONTRE LA RÉFORME DES RETRAITES, PAR EXEMPLE.
FORCE AUX GRÉVISTES, C'EST MAINTENANT QU'IL FAUT RIEN LÂCHER !
SEB LA FRITE, 3,4 MILLIONS DE FOLLOWERS
ENJOY PHOENIX, 6,1 MILLIONS DE FOLLOWERS
Je me demande ce qu'il nous reste de démocratique dans ce pays !
CERTAINES INFLUENCEUSES ONT MÊME AFFICHÉ LEUR OPPOSITION AU GOUVERNEMENT EN MANIF.
C'ÉTAIT JUSQU'À PRÉSENT UN FAIT PLUTÔT RARE, QUI SOULIGNE UN SOUHAIT DE S'AFFICHER COMME PROCHES, VOIRE ISSUS DU PEUPLE.
ON EST COMME VOUS !
TOOTATIS, 647 000 FOLLOWERS
POLSKA, 335 000 FOLLOWERS
49,3 ANS
NOS PROCHES AUSSI VONT ÊTRE AFFECTÉS PAR CETTE RÉFORME !
LA RÉFORME N'A PAS ÉTÉ RETIRÉE PAR LEURS SEULES PUBLICATIONS...
La réforme des retraites est adoptée !
BAM
BAM
BAM
... MAIS PAR LEUR POSTURE, LES INFLUENCEURS SE SONT AFFIRMÉS COMME DES PERSONNALITÉS CRITIQUES ET INDÉPENDANTES.
Bon, la team, on continue le combat en utilisant mon code promo pour les crèmes de jour « TouDou » !

IL EST TOUT DE MÊME PEU PROBABLE DE VOIR UN INFLUENCEUR À L'ÉLYSÉE CAR CE N'EST PAS SON RÔLE.

C'EST UN MÉTIER DANS LEQUEL IL FAUT PARAÎTRE LIBRE, DIFFÉRENT DES AUTRES ET CAPABLE DE CHOIX FORTS.

ÊTRE TROP ADOSSÉ À UN PARTI OU ÊTRE PERÇU COMME UN INFLUENCEUR INFLUENÇABLE PEUT COÛTER CHER.

MCFLY ET CARLITO, DEPUIS LEUR INTERVIEW AVEC EMMANUEL MACRON, SONT ACCUSÉS D'AVOIR SERVI LE DISCOURS DU GOUVERNEMENT.

MAIS CELA TÉMOIGNE AUSSI D'UN CHANGEMENT D'ÈRE : NOUS VIVONS DANS UNE ÉPOQUE OÙ LE DÉBAT S'ANIME AUTANT SUR LES RÉSEAUX QUE SUR LE TERRAIN.

L'INFLUENCE, CE N'EST PLUS SEULEMENT LA MANIÈRE DONT UNE PERSONNALITÉ VA PARVENIR À DIFFUSER SES IDÉES AU SEIN DE LA SOCIÉTÉ...

... MAIS C'EST DÉSORMAIS UNE POSTURE EN LIGNE, UN DOUBLE DE SOI QUI DOIT ÊTRE LE PLUS CONVAINCANT POSSIBLE.

C'EST POUR CES RAISONS QU'ON PEUT AVOIR L'IMPRESSION QUE LES POLITIQUES DEVIENNENT DES INFLUENCEURS ET QU'ILS FONT ÉMERGER DES SUJETS ÉLOIGNÉS DE NOS PRÉOCCUPATIONS.

POUR MA PART, AUCUN POLITIQUE N'A POUR LE MOMENT PROPOSÉ DES CROQUETTES À SIRIUS EN ÉCHANGE D'UN APPEL AU VOTE.

VIVE LA DÉMOCRATIE.

L'INFLUENCE, UN MODÈLE DE SOFT POWER DE L'OCCIDENT

EN 2023, PLUSIEURS PAYS ONT SUSPECTÉ LA CHINE DE LES ESPIONNER PAR L'INTERMÉDIAIRE DU RÉSEAU SOCIAL.

« LES MÊMES STRATÉGIES QUE LE PARTI COMMUNISTE CHINOIS UTILISE POUR CONTRÔLER SON PEUPLE SONT MISES EN ŒUVRE POUR CONTRÔLER LES AMÉRICAINS.* »

* VOIR PAGE 115.

EN MAI 2023, L'ÉTAT DU MONTANA A COMPLÈTEMENT BANNI TIKTOK POUR TOUS LES UTILISATEURS.

ET LE PARLEMENT EUROPÉEN A DEMANDÉ À TOUS SES EMPLOYÉS DE NE PAS INSTALLER L'APPLICATION.

JUSQU'À PRÉSENT, LES RÉSEAUX SOCIAUX POPULAIRES AVAIENT ÉTÉ PENSÉS ET CONÇUS PAR DES AMÉRICAINS.

LES RÉCITS DE CES RÉUSSITES SONT INSPIRÉS DU MYTHE DU SELF-MADE-MAN : DES BOUTONNEUX QUI CODENT SUR UN ORDINATEUR DANS LEURS GARAGES...

... ET DEVIENNENT MULTIMILLIONNAIRES EN QUELQUES ANNÉES À PEINE.

JUSQU'À LA CHUTE DU MUR DE BERLIN, EN 1989, DEUX MODÈLES S'AFFRONTAIENT : LE CAPITALISME AMÉRICAIN CONTRE LE COMMUNISME SOVIÉTIQUE. DEUX FAÇONS DE VOIR LE MONDE, RADICALEMENT OPPOSÉES, QUI TENTAIENT DE S'IMPOSER AUX AUTRES.

MAIS À PARTIR DE CET ÉVÉNEMENT, C'EST LE MODÈLE AMÉRICAIN QUI SEMBLAIT L'AVOIR EMPORTÉ PARTOUT DANS LE MONDE. SELON FRANCIS FUKUYAMA* :

« LE TRIOMPHE DU LIBÉRALISME ET DE LA DÉMOCRATIE À L'AMÉRICAINE QUI A SUCCÉDÉ À CES ÉVÉNEMENTS MARQUE "LA FIN DE L'HISTOIRE" PUISQU'IL N'Y AURA PLUS D'OPPOSITION À L'HÉGÉMONIE DES ÉTATS-UNIS. »

DEPUIS CETTE ÉPOQUE, ON CONSTATE EN EFFET QUE LA CULTURE AMÉRICAINE EST DEVENUE LA NORME.

* VOIR PAGE 115.

ÇA S'EST MÊME ACCÉLÉRÉ AVEC LE DÉVELOPPEMENT D'INTERNET : ON REGARDE SUR NETFLIX DES SÉRIES QUI NARRENT LE QUOTIDIEN DE FAMILLES AMÉRICAINES.

ON REGARDE DES FILMS AMÉRICAINS SUR LES HOMMES TRÈS FORTS ET TRÈS MUSCLÉS DE LA CIA.

ET SURTOUT, ON RACONTE TOUTE NOTRE VIE SUR DES RÉSEAUX SOCIAUX CONÇUS SUR LE MODÈLE AMÉRICAIN.

NOTRE MONDE S'EST PEU À PEU « AMÉRICANISÉ » ET L'ON PEUT CONSIDÉRER, EN CE SENS, QU'INSTAGRAM, FACEBOOK OU SNAPCHAT PARTICIPENT AU PUISSANT SOFT POWER DES ÉTATS-UNIS.

À CE PETIT JEU, LES INFLUENCEURS SONT COMME LES CHEVAUX DE TROIE DU MODÈLE CAPITALISTE AMÉRICAIN.

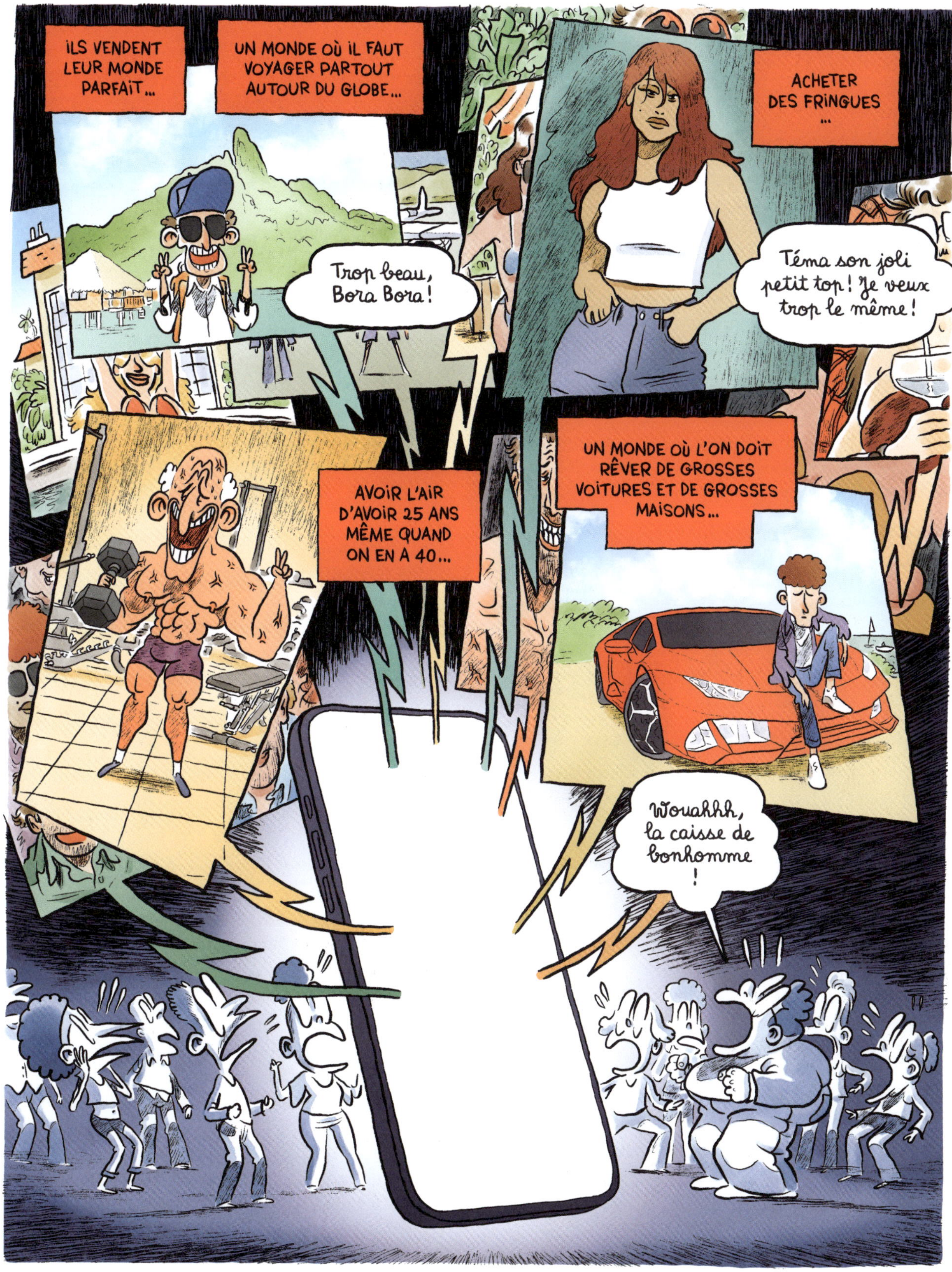

ILS VENDENT LEUR MONDE PARFAIT...
UN MONDE OÙ IL FAUT VOYAGER PARTOUT AUTOUR DU GLOBE...
Trop beau, Bora Bora !
ACHETER DES FRINGUES ...
Téma son joli petit top ! Je veux trop le même !
AVOIR L'AIR D'AVOIR 25 ANS MÊME QUAND ON EN A 40...
UN MONDE OÙ L'ON DOIT RÊVER DE GROSSES VOITURES ET DE GROSSES MAISONS...
Wouahhh, la caisse de bonhomme !

EN REVANCHE, CONTRAIREMENT À CE QUE PENSAIT LE CHERCHEUR FRANCIS FUKUYAMA, ON CONSTATE QUE LE MONDE EST EN TRAIN DE DEVENIR MULTIPOLAIRE.

LA CHINE, LA RUSSIE ET LA CORÉE DU SUD TENTENT, ELLES AUSSI, D'IMPOSER LEUR MODÈLE CULTUREL, ET ÇA PASSE EN GRANDE PARTIE PAR LES RÉSEAUX SOCIAUX.

EN CHINE, INSTAGRAM, FACEBOOK OU SNAPCHAT NE SONT PAS AUTORISÉS, LE GOUVERNEMENT CONSIDÉRANT QU'ILS NE SONT PAS CONFORMES AUX RÈGLES DU PAYS*.

SI L'ON SUIT CE RAISONNEMENT, UNE APPLICATION, SELON LE PAYS DONT ELLE EST ORIGINAIRE, VÉHICULERAIT DONC LES CODES ET LES VALEURS D'UNE CULTURE DONNÉE.

ON PEUT LE CONSTATER EN FRANCE, PAR EXEMPLE, OÙ L'ON EST SOUVENT OUTRÉS DE NE PAS POUVOIR AFFICHER UN SEIN OU UN SEXE SUR INSTAGRAM OU FACEBOOK SANS ÊTRE CENSURÉ.

« L'ORIGINE DU MONDE » DE GUSTAVE COURBET, 1866

* À la place, les Chinois utilisent WeChat ou encore TikTok.

C'EST EN RÉALITÉ UN HÉRITAGE DU MODÈLE PURITAIN AMÉRICAIN QUI CONSIDÈRE LA NUDITÉ COMME UNE CHOSE INTERDITE.

QUAND LA LIBERTÉ D'EXPRESSION EST EN REVANCHE LOUÉE.

ET C'EST BIEN CE QUI INQUIÈTE LES ÉTATS-UNIS : EN FAISANT DE TIKTOK UN SUCCÈS MONDIAL, LA CHINE IMPOSE AUSSI SES CODES CULTURELS À UN PUBLIC MAJORITAIREMENT JEUNE.

PAR AILLEURS, LA CHINE N'A PAS LES MÊMES RÈGLES EN CE QUI CONCERNE L'UTILISATION DES DONNÉES PERSONNELLES.

« AU BOUT D'UN CERTAIN NOMBRE DE CLICS OU DE RÉACTIONS, ON CONNAÎT UNE PERSONNE AUSSI BIEN QUE SON CONJOINT.* »

* VOIR PAGE 115.

ON SAIT QUEL TYPE D'INFORMATIONS LUI FOURNIR S'IL HÉSITE SUR UN CHOIX POLITIQUE.

DANS LE CAS DE TIKTOK, L'ALGORITHME VA POUSSER DES CONTENUS DESTINÉS À REDORER L'IMAGE DE LA CHINE.

CE PHÉNOMÈNE D'ÉMERGENCE D'UNE CULTURE CONCURRENTE PAR L'INTERMÉDIAIRE DES RÉSEAUX SOCIAUX, ON LE CONSTATE AUSSI DU CÔTÉ DE LA CORÉE DU SUD. CELA PASSE NOTAMMENT PAR L'ÉMERGENCE D'ICÔNES DE K-POP...

... DONT LA PROMOTION EST ASSURÉE SUR LES RÉSEAUX PAR DES GROUPES DE FANS TRÈS ACTIFS. AUJOURD'HUI, LES CONTENUS CORÉENS SUR INSTAGRAM OU TIKTOK SONT PARMI LES PLUS LIKÉS ET PARTAGÉS.

À L'AVENIR, CETTE BATAILLE CULTURELLE EN LIGNE RISQUE FORT DE S'ACCENTUER ENCORE DAVANTAGE.

Alors, cette expérience sur TikTok ?
Un succès !
10 000 vues et plusieurs dizaines de likes !
WAF
WAF
C'est plus que n'importe quel contenu posté sur Insta !
Et sans acheter de likes ou de vues !
Mais il y a quand même une fonctionnalité pour booster chaque publication.
6 euros pour 5 000 vues.
100 euros pour 100 000 vues.
snif
snif
snif
Ah ben, ça explique pourquoi certains influenceurs émergent de nulle part sur TikTok et font un carton.
Il suffit de payer.
Et sans passer par une ferme à clics.
En fait, bon nombre de célébrités du réseau ont dû s'y plier à un moment pour avoir du succès.
Sirius compris.
On paye 6 euros et hop ! On reçoit les likes et toute une flopée de commentaires.
WOW !
MAGNIFIQUE !
QU'IL EST BEAU, LE TOUTOU !
Et tout ça, sous l'œil probablement très intéressé des services de renseignements chinois.

Trop beau, le Kiki !
SERVICE DE RENSEIGNEMENTS

SOMMES-NOUS TOUS L'INFLUENCEUR DE QUELQU'UN D'AUTRE ?

DEPUIS LE LANCEMENT DE LA CARRIÈRE D'INFLUENCEUR DE SIRIUS, IL EST AMUSANT DE CONSTATER QUE MES PROCHES SE SONT PRIS AU JEU.

MAIS, EN RÉALITÉ, NE SOMMES-NOUS PAS UN PEU JALOUX ?

APRÈS TOUT, TOUT LE MONDE OU PRESQUE A UN COMPTE SUR LES RÉSEAUX SOCIAUX.

QUAND ON POSTE UNE PHOTO DE NOS VACANCES OU DE NOS SOIRÉES, ON CHERCHE À TOUCHER UNE AUDIENCE LA PLUS LARGE POSSIBLE.

QUI N'A JAMAIS PENSÉ À RETIRER UNE PHOTO APRÈS AVOIR CONSTATÉ QU'ELLE RECEVAIT MOINS DE LIKES QUE LES AUTRES ?

QUI N'A JAMAIS PRIS UNE PHOTO D'UN MOMENT EN IMAGINANT LA POSTER SUR LES RÉSEAUX SOCIAUX ?

INSTA, TIKTOK OU FACEBOOK SONT DES LIEUX D'INTERACTION OÙ L'ON CHERCHE À OBTENIR LA VALIDATION DE SES PAIRS.

C'EST BIEN POUR ÇA QU'APRÈS AVOIR PUBLIÉ, ON NE PEUT S'EMPÊCHER D'Y RETOURNER IMMÉDIATEMENT POUR VOIR SI L'ON A REÇU DES LIKES.

CES RÉFLEXIONS ILLUSTRENT CE QUE SONT DEVENUS LES RÉSEAUX SOCIAUX : DES LIEUX DE MISE EN AVANT DE SOI OÙ L'ON VA, CONSCIEMMENT OU NON, CHERCHER À IMPRESSIONNER LES AUTRES.

CE FAISANT, ON AGIT TOUS COMME DES INFLUENCEURS. EN SOI, EST-CE SI GRAVE QUE CELA ?

CE QUI POSE PROBLÈME DANS L'INFLUENCE EN LIGNE, C'EST QUAND ELLE DEVIENT POLITIQUE, QU'ELLE CHERCHE À MANIPULER UNE OPINION.

OR, POSTER DES PHOTOS DE SON CHIEN EN TRAIN DE RONFLER À NOS QUELQUES CENTAINES D'ABONNÉS N'ENTRE PAS DANS CETTE CATÉGORIE.

EN REVANCHE, L'EXPÉRIENCE AVEC SIRIUS M'AURA APPRIS DE NOMBREUSES CHOSES SUR CE MILIEU.

D'ABORD QUE C'EST ÉPUISANT DE RÉFLÉCHIR EN PERMANENCE AU BON CONTENU À PUBLIER, D'ORGANISER DES MISES EN SCÈNE, DE GÉRER DES PARTENARIATS COMMERCIAUX ET DE COURIR APRÈS L'APPROBATION DES ABONNÉS.

ENSUITE, QUE C'EST UN MONDE FACTICE OÙ TOUT SE PAYE ET TOUT S'ACHÈTE, MAIS QUE CELA N'EST PAS POUR AUTANT UNE GARANTIE DE SUCCÈS.

ENFIN ET SURTOUT QUE L'ON PEUT TOUT DE MÊME Y TROUVER DE LA JOIE ET DE L'AMUSEMENT QUE L'ON POURSUIT ENSUITE DANS LA VRAIE VIE.

TOUT CELA ME FAIT RÉFLÉCHIR QUANT À LA SUITE À DONNER AUX COMPTES DE SIRIUS SUR LES RÉSEAUX SOCIAUX.
JE VAIS PEUT-ÊTRE LUI DONNER LES CODES ET LE LAISSER DÉCIDER LUI-MÊME.
MON HUMAIN GURVAN_LE_KIKI AVEC SES COPAINS !!!
#TROPMIGNON #CUTEHUMAN #GOODHUMAN #CUTIE
ABONNE-TOI POUR NE RATER AUCUNE DES AVENTURES DE GURVAN_LE_KIKI !!!

SOURCES

P.7 Marcel Danesi, professeur de sémiotique et d'anthropologie linguistique à l'université de Toronto.

P.25 *The People's Choice*, 1944.

P.36 Selon une étude de 2019 de l'Institute of Contemporary Music Performance.

P.41 Selon une étude de la Flinders University conduite sur 300 hommes américains âgés de 18 à 30 ans.

P.42 Selon l'Académie américaine de chirurgie plastique et reconstructrice du visage.

P.53 (*) Sébastien Boussois pour TV5 Monde) // (**) Selon Amnesty International // (***) Dont une partie aux Émirats arabes unis, selon l'ONG FairSquare.

P.54 (*) Selon Human Rights Watch // (**) D'après un rapport de l'ONG Amnesty International.

P.61 Elisabeth Eglem, maître de conférences en marketing et stratégies à l'université du Havre.

P.62 Michaël Stora, psychologue et psychanalyste.

P.71 D'après les agences d'influence.

P.86 Pour le *Huffington Post*, en marge d'une rencontre avec ses abonnés, en 2021.

P.90 Julien Giry, politologue à l'université de Tours, interrogé par *Slate*.

P.93 *La Revue européenne des médias et du numérique*, n°9, hiver 2008-2009.

P.99 D'après le républicain Mike Gallagher, représentant du Wisconsin et président de la commission sur la Chine.

P.101 Francis Fukuyama, chercheur en sciences politiques.

P.105 Yosra Jarraya, experte en cybersécurité.

DES MÊMES AUTEURS

Gurvan Kristanadjaja

Ubérisation, piège à cons ! – Robert Laffont

Joseph Falzon

Alt-Life, avec Thomas Cadène (2 tomes) – Le Lombard
Les Autres Gens, collectif – Delcourt
Eliott, collectif – Éditions Lapin
Jours de cendre – Sarbacane
Romain & Augustin, un mariage pour tous, avec Thomas Cadène et Didier Garguilo – Delcourt
Les Animaux dénaturés, avec Hélène Bruller – Albin Michel

Sirius, en vrai.

Création typographique et lettrage : Jean-François Rey

PREMIÈRE ÉDITION

Dépôt légal : septembre 2024 • ISBN 978-2205-21086-6 • Imprimé et relié en août 2024
par PPO Graphic • 10, rue de la Croix-Martre, 91120 Palaiseau, France
www.dargaud.com